歴史文化ライブラリー

529

外来植物が変えた江戸時代

里湖・里海の資源と都市消費

佐野静代

吉川弘文館

目　次

1　「人の手の加わった自然」と里湖・里海

「人の手の加わった自然」と里湖・里海——プロローグ

水と陸のあいだ

「水辺」と「水際」——よく似たこの二語の違いは何だろうか。

現在の感覚ではほとんど同じにみえる両者だが、川那部浩哉によれば本来の語義は大いに異なり、むしろ対照的でさえあったという。「水際立つ」の派生語にみられるように、「水際」では陸と水がくっきりと分かれている感が強いのに対し、「水辺」は水陸が画然とは区切られていない移行帯、すなわち「水の辺り」であると川那部は述べている（『生態学の「大きな」話』）。

コンクリート堤防によって水域と陸域がはっきりと分断された現代とは異なり、かつて水陸の境には線ではなく、一定の広がりを持ったゾーンがあったとする川那部の指摘は重要である。そのゾーンこそが「水辺」という空間だったことになる。

「水辺」の具体的なイメージとしては、潮の干満によって陸域にも水域にも姿を変える干潟や、あるいは梅雨時の高水位期には水没するヨシなどの抽水《ちゆうすい》植物帯があげられる。これらの「水辺」は今日の感覚では「生産性の低い湿地」であり、いわば無用の空間として埋め立てや干拓のターゲットとなっている。しかしこれらの「水辺」は、本当に生産性の低い空間だったのだろうか。

「湿地＝生産性が低い」という価値観は、じつは近代以降のものであり、近世までの「水辺」はむしろ資源を内包する価値ある空間だったことに注意したい。「水辺」は陸域と水域の生物群集が接する場であり、生物多様性がきわめて高い空間であることは生物学ではよく知られている。これを人間の立場から見れば、そこは魚類や水鳥などの生物資源を得られる重要な漁場・猟場だったことになる。さらに、干潟《ひがた》に繁茂する海草や湖岸に茂るヨシは、魚類や鳥類に繁殖・採餌《さいじ》の場所を提供するだけでなく、それ自体が肥料や燃料になる重要な資源でもあった。これら有用な「水辺」の動植物資源に対して、人間は何千年にもわたって漁猟や採取という働きかけを続けてきたのである。

このように過去に「水辺」に向けられてきた人間の生業活動は、「水辺」の生態系にとって負担でしかなかったのだろうか。あるいは逆に近世までの人間活動は小規模であり、「水辺」に負荷を及ぼすことはなかったのだろうか。人間が「水辺」に対して行ってきた働きかけの影響について、史料に基づいて検証することが必要となる。

水辺と「人の手の加わった自然」

「水辺」の過去について検証することは、「水辺」保全の未来への判断につながる。平成四年（一九九二）、滋賀県では全国ではじめての「ヨシ群落保全条例」が施行された。これは琵琶湖《びわこ》岸のヨシ群落の生物生息地としての役割や水質浄化機能を再評価し、その保全と再生を進めようとする画期的な試みであった。条例の施行当初、ヨシ群落に対しては手入れとして定期的な刈り取りが推奨されたが、その一方でヨシ群落の背後に形成された水辺林のヤナギ林については、手を加えないことが求められた。

しかしある村では住民から、「ヤナギ林は昔も切っていたし、ある程度は伐採すべきだ」との意見が出てきた。その地では放置すればヤナギ林が優勢となって拡大し、やがて日陰を作ってヨシが育たなくなるという。つまり人間が手を入れずに放置すれば、そこはヨシ群落ではなくなってしまうのである。このような現象を植物学では「遷移《せんい》」と呼び、たとえば草原が放置されれば雑木林となり、その後照葉樹林へと姿を変えていくように、自然状態で植生が極相《きょくそう》へと変化していくことを意味している。この村では昭和三〇年代まで屋根葺材用のヨシに加えて背後のヤナギ林も時々伐採しており、堅くて水に強いその材をまな板や下駄の歯などに使っていたという。このような住民による生活利用が「水辺」の植生遷移を一時的に停止させ、この地をヨシ群落として維持していたことになる。

以上のような「水辺」と住民との関わりは、雑木林を薪炭として適度に伐採することによって極相林への遷移に停止をかけていた事例、すなわち「里山」に通ずるものではないだろうか。つまり「山辺」の里山だけでなく、「水辺」にも「人の手の加わった自然」が存在していた可能性が見えてくる。この人間活動を含めた「水辺」の生態系の実態を検証し、その成立過程を解明することが本書の目的である。

「里海」と「里湖」概念の登場

近年、里山に対置される概念として、「里海」や「里湖」の語が使われるようになっている。これらは里山をもとに作り出された造語であり、いずれも「さとうみ」と読む。特に「里海」は一九九〇年代から提唱され、「人手が加わることにより、生物生産性と生物多様性が高くなった沿岸海域」と定義されている（柳哲雄『里海論』）。「里海」の語は二〇〇七年の「第三次生物多様性国家戦略」や「海洋基本計画」にも取り入れられ、そこでは里山と同様に日本が世界へアピールすべき「日本独自の自然共生型モデル」と位置づけられている。

この里海についても、今日研究の進む里山と同様に、「人の手の加わった自然」としての実態解明は進んでいるのであろうか。残念ながら答えはNOであろう。里海に関するこれまでの研究では、「里海創生」「里海づくり」というフレーズにみるように、今後の自然再生や沿岸域管理に意識が向けられている一方で、過去の実態についての検証は十分とはいえない感がある。

里山の場合、燃料・肥料採取などの人為的活動が適度な攪乱となって、二次林から極相林への遷移に一時的な停止がかけられ、この遷移の途中相やギャップのモザイク構造が多様な生物の生息地となっていたことが解明されている。しかし里海の場合には「過去の人為的攪乱」の歴史的検証が十分でないために、それが真に「自然共生型」であったのかも含めて、実態そのものが自明ではないのである。したがって里海の研究においては、まずは過去の「人の手の加わり方」の具体像を解明する必要があろう。

一方、「里湖」も、「里海」と並んで二〇〇〇年代より普及しつつある概念である。里湖とは、浅い湖沼《こしょう》の沿岸域に成り立っていた「人の手の加わった自然」を指す。里海に比べると、その生態系における人間活動の位置づけの検証は進んでおり、提唱者である平塚純一によって、鳥取・島根県の中海での肥料用の海草採取に伴う水質浄化システムが具体的に解明されている（「一九六〇年以前の中海における肥料藻採集業の実態」）。

筆者もまた琵琶湖および秋田県の八郎潟《はちろうがた》の沿岸において成り立っていた資源利用システムの歴史的検証を行い、そこに里湖と呼ぶにふさわしい「人の手の加わった自然」が成り立っていたことを示してきた。里湖では、たとえば「水辺」の植物をみてもその用途は肥料・燃料・飼料・繊維原料・屋根葺材など多岐にわたっている。さらに、一見零細的にみえるその採取活動が相互に結びつくことで、「水辺」の生態系に大きな影響を与えていたことが重要となる。

このような「水辺」での多様な営みは、海域でも見られたのだろうか。本書では実態解明の進む里湖に加えて、里海においても人間活動を含み込んだ生態系が成り立っていた事実について、各地の事例から掘り起こしてみたい。

本書の分析視角

ここで本書全体を貫く問題意識について触れておきたい。

里湖と里海の歴史的検証には、長期的な時間軸を導入することが求められる。生業との関わりで作り上げられてきた「人の手の加わった自然」は、各時代の経済活動や政策との関わりによって大きく姿を変えてきたからである。従来の里海・里湖研究では、過去の検証は聞き取り調査を主体として、戦前の民俗誌が併用されるケースがほとんどであった。そこで復原された「水辺」と人間の関係性とは、遡《さかのぼ》っても明治・大正期のものである。しかしこの近代にみられた「水辺」の「自然」の姿が、中近世から変わらずに続いてきたものであるかどうかについては、大いに検討を要する。村々に伝わる近世文書からは、近世後期に里湖・里海の確立の大きな画期があったことがうかがわれるからである。そこで本書では、主に近世の文書史料を用いて、近代以前の実態を検証することを中心にしたい。

「水辺」で行われた多様な生業の中でも、肥料用の水草や海草の採取が水質浄化システムの要であったことは先行研究が指摘する通りである。ただし、この「肥料藻」採取については、地域での実態をさらに深く追求する必要がある。多くの民俗誌が「藻草を取って田畑の肥料にした」と記しているが、田と畑のどちらなのか、その施肥対象作物が焦点となることを意識している研究は少ないように思われる。たとえば「田の肥料にした」という言葉は、必ずしも稲への施肥を指しているとは限らない。肥料藻が秋冬の田へ入れられる場合、それは裏作のためであり、むしろ米以外の作物の肥料であったことを意味するからである。

この裏作や畑作の作物は時代と地域によって大きく異なっており、時とともに商品作物が多くなることに注目したい。近世の商品作物としては菜種《なたね》や木綿《きわた》などがあげられるが、その多くは地域外から移入された栽培植物であり、広義の「外来種」ということも可能である。つまり里湖・里海の生態系の成立には、人為的に持ち込まれた移入作物が関係している可能性が出てくるのである。この点は、日本近世の「自然」を考える上で不可欠な論点となるはずである。

このことは同時に、肥料藻採取という生業が果たして「零細な営み」だったのかという問題にも関わってくる。これまでの民俗学および漁業史研究では、肥料藻の採取はあくまでも自給用の細業と位置づけられ、漁撈《ぎょろう》や農耕民俗の項で補足的に触れられるにとどまっていた。しかし肥料藻採取が商品作物に向けて行われていたものならば、その生業における位置づけには再検討の余地が出てくる。肥料藻の採取量や施肥の規模について、できるかぎり数値として把握することが必要であり、本書ではこの点を特に重視したい。

また商品作物と関わって留意せねばならないのは、その消費地である都市との関係である。里湖・里海の資源を利用した生産物が都市に向けられたものであるならば、都市での消費需要が里湖・里海の生態系に及ぼした影響についても検討することが求められよう。

近世でも里湖の生態系はすでに地域内部で完結するものではなかった可能性がある。本書は、これまでの研究ではほとんど考慮されることのなかった近世都市と里湖・里海との関わりについて、消費の観点から解明することも目的としている。

本書でさらに意識しておきたいのは、里湖・里海と背後山地との関係である。集水域《しゅうすいいき》(降水の集まってくる範囲)の概念に見るごとく、海洋や湖沼は水源たる山地から河川下流域までの土地利用の影響を強く受ける。近世は山地荒廃の時代でもあり、山地の人為的改変は、平野部だけでなく最下流の湖沼および海洋の沿岸域にも大きな変化をもたらしたはずである。したがって里湖・里海の歴史的実態は、山地の環境変化との関わりを視野に入れて論じる必要がある。沿岸域のみの分析では、里湖・里海の全体構造は見えてこないのである。

そもそも近世の商品作物の導入は、草肥《くさごえ》の過剰採取など里山への負荷を増大させ、山地荒廃を引き起こした要因の一つとされている。このように近世の里山に大きな変化をもたらした商品作物の導入は、里湖・里海にも何らかの影響を与えたのであろうか。それはいつの時代に、どのような形で現れたのだろうか。本書では各地の「水辺」に残る文書史料を読み解くことから、この問いに答えていきたい。

琵琶湖における「里湖」の生態系と都市消費

水生植物と里湖の生態系

特異な古代湖・琵琶湖

本書で最初のフィールドとなるのは滋賀県の琵琶湖《びわこ》である（図1）。日本最大の湖だから、という理由だけではない。琵琶湖は世界に視野を広げても、二〇ほどしかない稀少な「古代湖」の一つであり、かつ他の古代湖にはない特徴を備えているからである。

一般的に、湖は次第に土砂堆積《たいせき》によって陸化が進み、数万年以内には消失する運命にある。しかしなかには例外的に、埋積されずに一〇万年以上も存続する湖が存在する。それが古代湖である。古代湖にはその長い歴史とともに独自の進化を遂げた固有種が生息しており、きわめて生物多様性の高い水域となっている。著名な古代湖としては、アフリカのヴィクトリア湖・マラウィ湖や、ロシアのバイカル湖などがあげられるが、これら古代湖の多くは近代化までは人間の影響を大きく受けることのなかった原生的な自然であった。それに対して琵琶湖は千年以上もの間、首都京都に隣接して人間活動の影響を受け続けてきた点に特色がある。そして最も重要なことは、一九世紀段階ですでにその集水域に六〇万人以上の人口を抱えていたにもかかわらず、琵琶湖では他の古代湖と同様に、生物多様性の高さと良好な水質が保たれてきた点である。

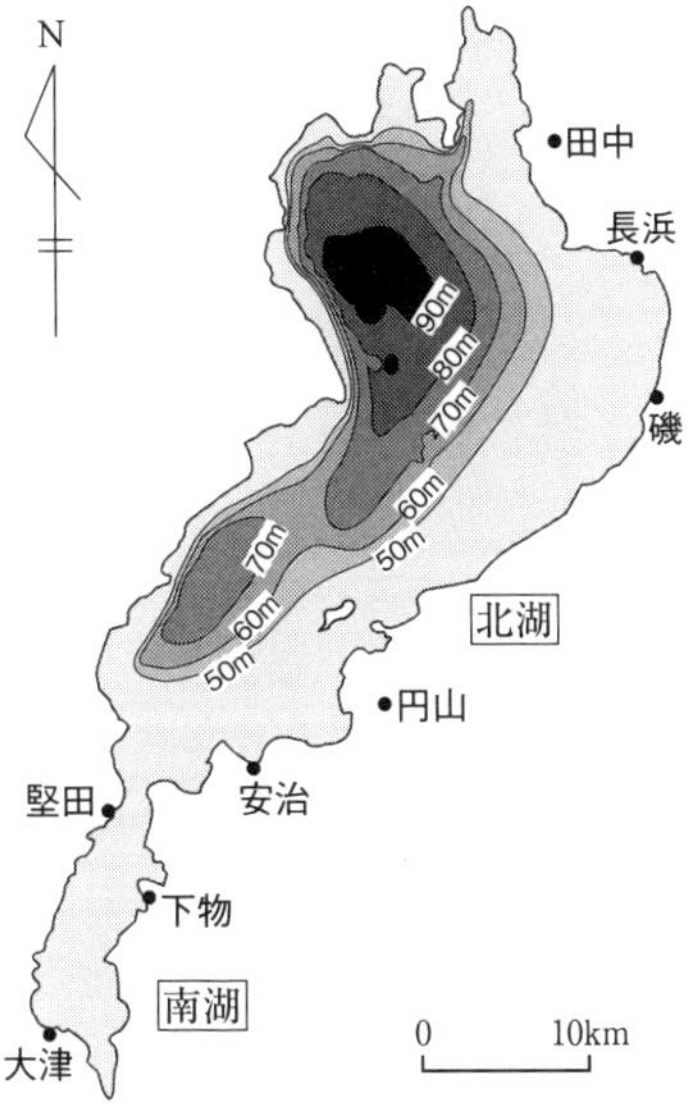

図1　琵琶湖の概略と本章の関係地名

何世紀もの間、琵琶湖がこれほど人間と近い距離にありながら、少なくとも一九四〇年代までは手ですくってそのまま飲めるほど清澄な水質を維持できたのはいかなる理由によるものであろうか。人間の生活と深く関わり、かつその多様な利用の歴史が古代から詳細な史料によってたどれる古代湖は、世界では他に例を見ない。したがって琵琶湖を対象とした研究は、日本独自の「人の手の加わった自然」の研究になるはずである。

断層を成因とする琵琶湖は水深が深く、最深部では一〇〇メートル《メートル》を超えている。しかしそのような沖合域で行われる漁撈《ぎょろう》は近代以前には未発達であり、生業の舞台となってきたのはあくまでも浅い沿岸域であった。琵琶湖の沿岸には砂浜や礫《れき》浜など多様な湖岸地形が見られるが、本章ではヨシ群落などの植生を伴う内湾・入江での生業活動について分析したい。

資源としての水生植物

湖上からの風波が遮《さえぎ》られる穏やかな内湾には、水草やヨシ群落などの水生植物が繁茂していた。これらは魚類の産卵場所や鳥類の採餌場所となっていたが、それはすなわち人間にとって重要な漁場・猟場であったことを意味している。従来の民俗学的研究では漁撈や鳥猟への関心の高さに比べて、水生植物そのものの資源的価値は重視されてこなかった感がある。そこで本章では中近世の文書を用いて、これらの水生植物を利用した生業活動の実態を明らかにしたい。

琵琶湖岸の水生植物の景観構造は、水辺林であるヤナギ林と、ヨシ群落などの抽《ちゅう》水《すい》植物帯、さらにその前面に展開する水草すなわち沈《ちん》水《すい》植物帯とに大別される（図2）。このうち、抽水植物帯のヨシ群落では、利用のための刈り取りという人間の働きかけが植生の

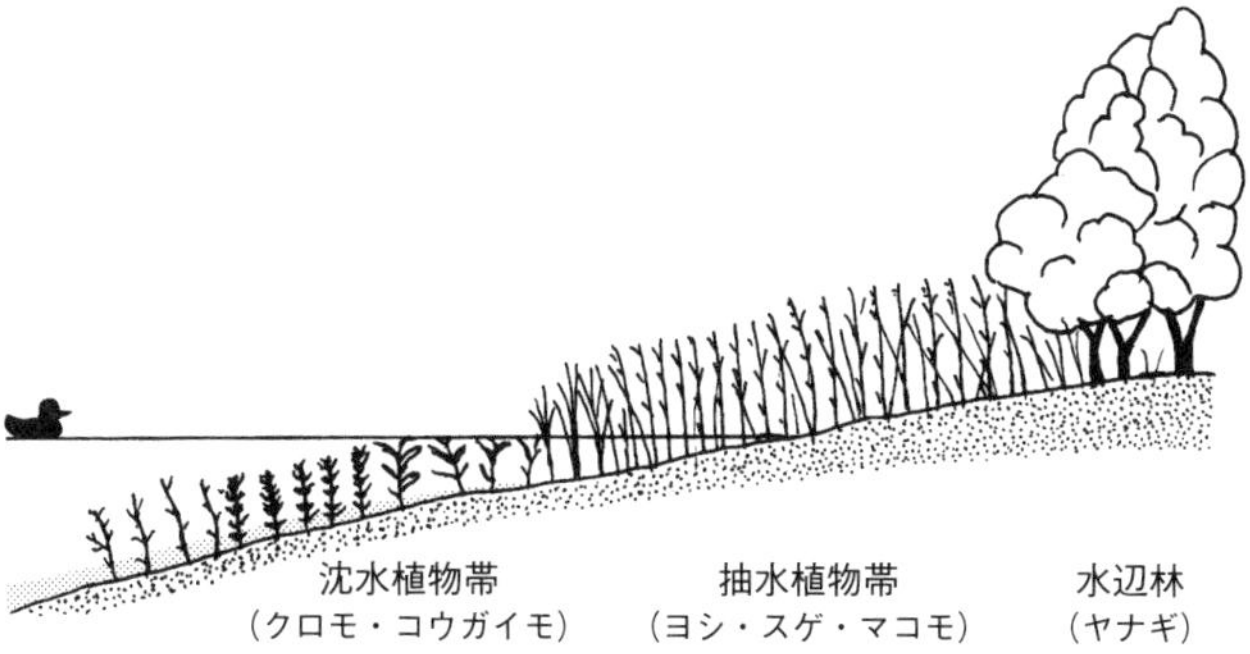

図２　琵琶湖岸の水生植物の景観構造

維持に大きな役割を果たしていたことが重要となる。

中世の琵琶湖岸でヨシが大量に刈り取られていたことについては、中世荘園や惣村《そうそん》に関する文書、たとえば蒲生郡《がもうぐん》の大島・奥津島《おきつしま》神社文書、野洲郡《やすぐん》安治村《あわじむら》の文書にも記されている。室町期の琵琶湖西岸の「比良荘《ひらのしょう》絵図」にも、出穂《しゅっすい》したヨシの群生地が写実的に描かれているのをみることができる（図3）。荘園絵図に描かれた事物には必要不可欠な意味があることを考えれば、このヨシは荘民の資源と認識されていたことになろう。

その用途について考えてみよう。ヨシが簾《すだれ》や屋根葺き材となることは現在と同じであるが、しかしヨシ群落はヨシだけではなくスゲ・マコモ・ガマなど複数の植物種から構成されており、ヨシ以外の植物にも重要な用途があったことに注意したい。近世文書で一例を挙げると、琵琶湖南部に位置する栗太《くりた》郡下物《おろしも》村の天保六年（一八

図３　近江国比良荘絵図〔北比良図〕トレース図（部分，『志賀町史　第２巻』志賀町，1999年，付図より）

三五）の文書には、「葭茅《よしかや》にて屋根を葺《ふ》き、ならびに魞《えり》の簀《す》又は薪とし、真菰《まこも》等は牛馬の飼料にした」と記されている。すなわちヨシは簾や屋根葺き材以外にも定置漁法であるエリの簀の素材、あるいは燃料として用いられ、さらにマコモには牛馬の秣《まぐさ》としての役割があった。

マコモはその名の通り、薦《こも》として敷物などに加工される繊維素材でもあり、スゲも同様に笠や蓑、縄などを編む素材となっていた。さらに、マコモやガマ・ヨシの春期の柔らかい葉体を草肥として水田に鋤《す》き込むことも、近代の湖岸の村では広くみられた習慣であった。つまりヨシ群落を構成する植物はみな有用種として、毎年大量に刈り取られていたのである。

抽水植物の利用と里湖

このような抽水植物の刈り取りは、膨大な量に上っていたことに注意する必要がある。たとえば文政一一年（一八二八）の東浅井郡の田中村では、屋敷の主屋一棟当たりの屋根葺きにヨシ二千束以上が用いられている（藤居家文書）。一束は束周一〇五センチほどとされており、一軒あたりこれだけ大量のヨシが刈り取られていたことがわかる。

近江国全体でいったいどれほどの量のヨシが刈り取られていたのか、そのデータは存在しないが、明治一三年（一八八〇）刊行の『滋賀県物産誌』には、ヨシを商品として出荷していた村のみの記録がある（表1）。たとえば蒲生郡円山村では、一年間で一万七五〇〇束が売却されている。これに自家消費された分を加えれば、その刈り取りがいかに大量であったかが理解されよう。

このように有用なヨシ群落は近世の検地では「葭地」という独立した地目で把握されており、「葭分米」「まこも銭」などを課されるのが一般的であった。円山村でかつてみられたように、水田よりも高い地価を付けられたヨシ地さえ存在したのである。

表1　明治13年『滋賀県物産誌』にみるヨシの生産高

郡　名	村　名	物名	製造家数	産　額	総価格	売　先
東浅井郡	八木浜村	葭	60軒	15,000束		長　浜
坂田郡	祇園村 相撲村 宇賀野村	葭 葭 葭	51軒 70軒	1,000束 1,000束 150把	80円 33円 6円	
犬上郡	甘呂村	葭		1,515束	41円20銭	彦　根
神崎郡	栗見出在家村	葭		1,600束	4円80銭	長　浜
蒲生郡	円山村	葭	3軒	17,500束	350円	坂田・浅井・伊香3郡

西川嘉廣『ヨシの文化史—水辺から見た近江の暮らし—』サンライズ出版, 2002年, 19頁より引用.

聞き取りによれば、湖岸のヨシ地には個人の私有地以外に村の共有地があり、刈り取りに口開け日（解禁日）を設けるなど、厳格に管理されていたことが知られる。その様相は中世に遡ることも確かめられる。たとえば天正期の安治村では、「安治村よしの掟《おきて》」が定められ、ヨシ刈りの抜け駆け禁止や均等配分のルールが成り立っていた（藤木久志『村と領主の戦国世界』）。中近世のヨシ地は荘園や村の鎮守社《ちんじゅしゃ》の財産となっており、神物としての禁忌《きんき》と結びついてきわめて厳重に管理されていたことも判明している（佐野静代『中近世の生業と里湖の環境史』）。

以上のように琵琶湖岸のヨシ群落が高い資源価値を有し、中世以来大量に刈り取られていた事実には、重要な意味がある。自然状態では、ヨシ群落はやがて枯死し、植物遺体によって埋積されていく。こうして次第に乾陸化が進めば、そこはヤナギ林へと遷移していく運命にある。しかし毎年の刈り取りによって植物遺体が除去されると、埋積は妨げられ、ヨシ群落のまま維持されることになる。つまり、数百年間続けられてきたヨシ・マコモ・スゲなどの刈り取りは、「適度な攪乱」として植生の遷移を停止させ、その地をヨシ群落として維持する機能を果たしていたのである。

「山辺」の草原では、住民が落ち葉や下草などを肥料にし、また小枝や下生えを燃料として、さらに草を牛馬の秣に、茅などを屋根葺き材として採取していたことはよく知られている。しかし「水辺」でもヨシ群落が草原と同様に利用されており、この住民による利用と管理こそが、ヨシ群落を維持してきた原動力であったことに注目したい。

沈水植物の採取と利用

水生植物の有用性は、抽水植物だけに限らない。琵琶湖岸では、沈水植物すなわち水草にも大きな価値が認められていた。それは肥料としての利用である。

この肥料藻の採取については、平塚純一らによって各地の湖での事例が報告され、里湖の生態系の要となる生業と位置づけられている（平塚純一ほか『里湖モク採り物語』）。その分析の多くは聞き取りと統計類から復原された近代の様相に基づくものであるが、本書ではさらに遡り、近世段階における実態を検討してみたい。

先述の琵琶湖南部の栗太郡下物村の文書には、「湖水より年々ごみを取り、御本田の地上げを行い、ならびに藻草を取り、御本田の肥やしにした」との一節がみられる。「ごみ」とは琵琶湖の底泥のことであり、つまり毎年湖底の泥を浚渫《しゅんせつ》して客土《きゃくど》として田に入れ、水田の嵩《かさ》上げを行い、さらに「藻草」すなわち水草を採取して水田の肥料に用いていたのである。このように琵琶湖の水草を採取することは、管見の限りでは古くは元和四年（一六一八）の坂田郡磯村の例が知られる（荒尾家文書）。近世後期には琵琶湖岸の村で広く行われており、各地の村明細帳に「藻取り」の記載がみられる。

特に肥料藻採取がさかんに行われていたのは、琵琶湖の最狭部以南の「南湖」と呼ばれる副湖盆であった（前掲図1）。南湖は、水深が一〇〇メートル《メートル》を超える主湖盆「北湖」と比べて、最深部でも七メートル《メートル》しかなく、平均水深四メートル《メートル》の浅い水域である。その南岸には旧城下町で東海道の宿場町でもある大津が存在していたが、元禄一四年（一七〇一）には大津沖合の藻草の採取をめぐって、地元大津浦と堅田《かただ》の漁師との間で相論《そうろん》が起こっている（伊豆神社文書、『江州堅田漁業史料』）。南湖の北端に位置する堅田の漁民がわざわざ大津浦まで肥料

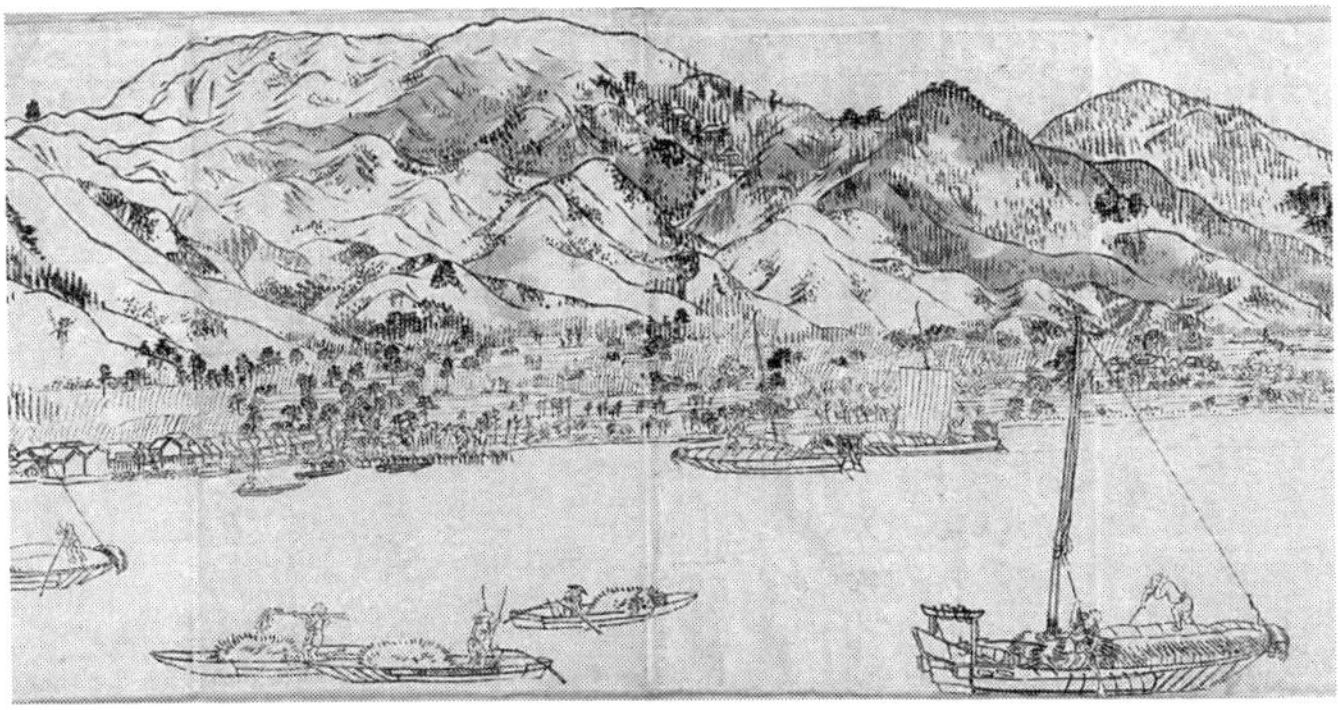

図４　広瀬柏園筆「琵琶湖眺望真景図」（部分）（慶応２年〈1866〉ごろ，大津市歴史博物館所蔵）

藻の採取に来ていたことは興味深いが、彼らの主張にある「大津は大きな町ゆえ、悪水が排出され、藻草がよく生い茂る」という認識は、水質の栄養化に伴う沈水植物の繁茂という人為的影響を示している点でも注目される。

さらに、幕末の慶応二年（一八六六）ごろの広瀬柏園による「琵琶湖眺望真景図」に注目したい（図4）。これは南湖を湖上からスケッチしたものであるが、丸子船《まるこふね》と呼ばれる大型の輸送船に混じって、藻取りの舟が数多く描かれていることが重視される。南湖では肥料用の藻取りが盛んであり、湖上風景として画家の目を引いたのである。先述の栗太郡下物村も、このように南湖で肥料藻を採取していた村の一つであった（前掲図1）。

以上のような肥料用の沈水植物の採取が、「水辺」の生態系にも大きな影響を与えていたことを検証したい。水草と底泥を浚渫することは、内湾や入江の埋積を防ぎ、そこが湿地へと遷移するのを防ぐことにつながる。すなわち、このような肥料藻採取という行為は、湿性遷移を一時的に停止させ、浅い内湾をそのまま水域として保持する機能を果たしていたことになる。前項でのヨシ刈りと同様に、水草の採取という人間の営みは植生の維持にもつながっていたのである。

肥料藻採取による栄養塩の回収

この遷移の一時的停止に加えて、水生植物や底泥を採取する行為にはさらに重要な機能があったことに注意したい。それは、リン・窒素《ちっそ》など水中の栄養塩を陸上へ回収する効果である。大津浦での藻草繁茂の認識にも見られたように、湖岸の抽水植物や沈水植物は生活排水に含まれる栄養塩を吸収して成長する。これはヨシ群落保全条例で強調されている水生植物の水質浄化機能であるが、しかしこのヨシや水草が冬場に枯死すれば、植物遺体中のリン・窒素は再び水中へ溶出してしまう。これを人間が毎年刈り取ることによって、栄養塩が水中から陸上へと回収される仕組みが成り立っていたことになる。

このような人間の営みによるリン・窒素の回収量を数値化してみよう。琵琶湖での肥料用の水草の採取量については、明治期の『滋賀県統計書』では金額のみの記載となっており、その重量が記載されるようになるのは昭和五年（一九三〇）以降のことである。これと底泥の採取量とが揃って判明する昭和八年のデータを用いれば、この年に琵琶湖全体で採取された水草は二万七七六四トン、底泥は五万三三六七トンに上っている。このうち南湖において採取されたのは、水草が一万七七三〇トン、底泥は二万九五五六トンであり、北湖よりも浅くて栄養化の進む南湖での採取量が半分以上を占めていたことがわかる。

この水草と底泥に含まれていたリンや窒素の量を考えてみたい。当時の県立農事試験場による水草と底泥の成分分析をもとに計算したところ、この年の採取によって南湖から除去されたリンは約一一トン、窒素は九三トンという結果となった（Sano による）。あくまでも概算にとどまる数値ではあるが、この結果から南湖では膨大な量の栄養物質が人為的に陸上に回収されていたことが判明する。肥料藻採取という生業の営みが、たしかに琵琶湖の水質浄化にも貢献していたことが確かめられよう。

以上のように、近世にはすでにみられた琵琶湖の水生植物や底泥の利用は、ヨシ群落や沈水植物帯を破壊するのではなく、むしろその植生を維持し、さらに琵琶湖の水質浄化にも一定の役割を果たしていたことがわかる。琵琶湖はやはり近世においても里湖であり、そこには人間の生業活動をも含み込んだ「自然」が成り立っていたのである。ただし、このような里湖の生態系は、決して琵琶湖の保全のために意識して作り出されたものではなく、あくまでも日々の生業の結果として形成されたものであることを理解しておきたい。

この琵琶湖における里湖の生態系は、古代から長い時間をかけて作り上げられてきた伝統的なシステムであったのだろうか。里湖の生態系の成立時期についてはさらなる分析が必要であり、そこでは意外に新しいその形成のプロセスが見えてくる。節を改めてこの問題を考えることにしたい。

里湖と商品作物の移入

水草施肥と裏作作物

人間の生業活動も含み込んで成り立つ里湖の生態系は、いつの時代に成立したものなのだろうか。結論からいえば、琵琶湖において里湖とは決して古代以来固定的に続いてきた生態系ではなく、近世後期に確立の画期を持ち、きわめて人為的に生み出された「自然」であったことが判明する。以下、この問題について検証していきたい。

里湖の生態系を成り立たせる要となっていたのは肥料藻の採取であったが、この営みは先述のようにすでに近世初期、元和期には認められる。元禄一三年（一七〇〇）の蒲生郡下豊浦《しもとようら》の村明細帳（東家文書）でも「藻草」が売買されて「田方の肥やし」とされており、水田に水草を入れることは湖岸の村で広くみられた行為であったことがわかる。

ここで注目したいのは、水田での施肥《せひ》の対象となっていた作物である。近世、近江国では集約的な二毛作が行われており、裏作がすでに行われていたことに注意したい。つまり、水田で栽培されるのは稲だけではなかったのである。

南湖沿岸の村落での裏作については、前掲の栗太郡下物村の安永二年（一七七三）の村明細帳に詳しい記述がある。

田方の冬作の作物は麦・菜種であり、その肥やしには油粕・シラコ・藻草、さらに人糞を大津より買い受けて肥料にしている。夏作の時には、稲の肥やしに干粕・醤油粕を用い、畑の肥やしは藻草・油粕である。

つまり当地で水草が施肥されていたのは、裏作の麦・菜種と、さらに夏期の畑作であったことが判明する。

このうちまず裏作の作物について考えてみよう。裏作の麦の肥料に水草が用いられたことは、享保一一年（一七二六）の浅井郡冨田村で、「田方の麦こやし」として藻草を買っている例からも確認できる（川崎家文書）。この麦の裏作が自給用として古くから認められるのに対して、一方の菜種は近世中期以降に普及した新しい商品作物であったことが重要となる。琵琶湖岸では、菜種の導入が肥料藻の採取を促進させた可能性があるからである。以下、この菜種と水草の関係について考えてみよう。

菜種の導入と水草肥料

菜種は中世までの荏胡麻《えごま》に代わり、近世に入ってから近畿一円に普及した灯火用の油料作物である。菜種栽培の先進地は摂津・河内であり、当初は畑地での種の直播きであった。しかし享保年間に苗を仕立てて一一月に移植する技術が確立されると、水田の裏作として畿内に急速に広がることとなった。近江国南部でも一八世紀半ばには菜種が普及していたことが知られる（『草津市史二』）。

これは早稲および中稲跡の裏作であったが、続く一八世紀末から一九世紀初頭ごろになると、さらに移植の時期を遅くして一二月中・下旬に移植する技術が開発されたこと（「農事調査大阪府之部」）に注目したい。これは晩稲の跡での作付けを可能にする技術であったが、一九世紀の南湖沿岸の水田では晩稲《おくて》が集中的に栽培されていたからである（『滋賀県物産誌』）。琵琶湖の水位は秋の台風シーズンに上昇するため、湖岸の水田は洪水の被害にさらされることが多かった。これが稲の出穂時と重なると、冠水した米が発芽して品質が落ち、大きな損失となる。そこで湖岸の村々ではこのリスクを避けて、出穂時期が台風期よりも遅くなる晩稲を戦略的に選択していたのである。

そもそも琵琶湖に近い低湿な水田では、高燥を好む麦を裏作することはできず、二毛作は条件的に困難であった。しかし菜種は麦に比べて耐湿性が高く、半湿田程度ならば栽培は可能である（古島敏雄「近世畿内農業発展の形態と特質」）。したがって晩稲跡への移植技術が開発されると、湖岸近くの水田には裏作として菜種栽培が急速に広がることとなった。このように菜種の導入は、南湖沿岸の水田でも二毛作を実現させ、村々の生産性を飛躍的に高めたのである。

ただし、この二毛作を維持するためには、多肥化が必須となる。近世の畿内でそれを支えたのは一般的には干鰯《ほしか》を代表とする金肥であったとされる。しかしこの時期の南湖沿岸において菜種に用いられた肥料は、高騰しつつあった干鰯ではなかった。それは眼前の琵琶湖で入手できる自給肥料、すなわち水草だったのである。

近世の菜種作に関わる先行研究によれば、菜種は麦と比較すると利益率が低い作物であり、それは諸経費の大きさ、特に魚肥等の購入肥料代に起因するとされる（新保博「菜種作における商品生産と流通の構造」）。しかしその大部分が自給肥料でまかなわれるならば、経費は大幅に圧縮され、利益率はむしろ麦を上回ることになる。南湖で水草採取によって肥料が自給されることには、このように大きな意味があったのである。

明治初頭の近江国の菜種生産高は全国三位であり、なかでも南部の栗太郡は耕地一〇〇町歩につき一〇〇〇円以上という突出した利益を上げ、先進地たる摂津・河内の諸郡に匹敵する耕地規模と集約性を示していた（山崎隆三「江戸後期における農村経済の発展と農民層分解」）。この栗太郡における収益性の高さの背景には琵琶湖での肥料藻採取があったのであり、それが他地域をしのぐ有力産地となりえた一因であったと推定される。

外来種としての商品作物

この菜種から抽出される灯火用油は、京都で消費される商品であったことも重要である。そもそも「近江国之儀は、京都入用之油融通専之国柄」（御触書天保集成九五「諸色直段幷諸商売等之部」六一三八）であり、隣国産を含めた菜種油はいったん大津の油問屋仲間へ集荷され、京都油仲買へと売り渡される仕組みとなっていた（片桐家文書、『大津市史　下』）。この大津の問屋仲間による京への菜種油の年間取扱量は、文政一二年（一八二九）段階での三ヶ年平均で、二万九九〇〇樽にも及んでいる。

しかし一九世紀半ばになると、菜種油の村方での消費や、伏見経由での大坂への隠売りが増加し、京へ送られる油が不足するようになった。それに伴って、京での菜種油の価格が高騰していたことに注目したい。「三斗九升入壱樽」の京都への卸売り価格は天保三年には一二六匁であったが、天保一一年には倍の二六〇匁となっている（片桐家文書）。

このような菜種油の高騰は、生産地の南湖沿岸の菜種裏作の拡大に一層拍車をかけたと推定される。それが肥料としての水草採取をも促進したであろうことは、この時期に南湖沿岸で藻取りをめぐる相論が頻発していることからも裏付けられる（佐野静代『中近世の生業と里湖の環境史』）。このように一九世紀の南湖では、菜種の作付け拡大に伴う肥料藻確保の動きが本格化していたのである。

水草採取の営み自体はすでに近世初頭から認められるものの、南湖における肥料藻採取が本格化するのは、以上のように一八世紀末の菜種の裏作導入以降であったことに注意したい。菜種は商品作物として移入された植物であり、地域の生態系にとっては「外来種」といえるからである。

日本ではカブ・ダイコンなど食用のアブラナ科植物の栽培は古代から認められるものの、油料作物としてのアブラナ（ナタネ）については、中世から近世の間に渡来した植物と考えられている。しかしその移入時期を文献から確定することは困難である（横内裕人「日本中世におけるアブラナ科作物と仏教文化」）。ただし近江国では近世中期以降に持ち込まれたことが判明しているため、少なくとも「国内外来種」と位置づけることは可能であろう。

したがって、このような移入植物の栽培を契機として肥料藻採取が本格化している事実は、里湖の成立過程を問う本書にとってきわめて重要な論点を提起している。つまり里湖の生態系の確立には、「外来種」としての商品作物の導入という人為性が認められるのである。この問題については、各地の湖沼の事例を含めて、次章以下で詳しく検討していきたい。

裏作の麦・菜種と並んで、もう一つの水草施肥の対象であった夏期の畑作物についても触れておきたい。

都市の消費需要と里湖

南湖沿岸の夏作の畑では、一般的には蔬菜が栽培されており、これに水草が施肥されていた。一方、近江北部の湖岸の畑には、桑が多く植えられ、その肥料に水草が入れられていたことに注目したい。矢守一彦によれば、近世近江の商品生産としては、先述の近江南部の菜種に対して、北部では繭《まゆ》が上げられている（「明治初期の近江における農産物の商品化」）。この養蚕《ようさん》に欠かせないのが蚕の餌となる桑葉であり、当地では桑が重要な作物となっていた。近江北部において、桑畑は多く湖岸の浜堤や河口付近の砂地に立地しており、底泥や水草がその肥料となっていたことは、文化一一年（一八一四）に刊行された代表的な養蚕の指導書『蚕飼絹飾大成』に詳しく記載されている。

著者の成田重兵衛は北近江の出身であり、とくに坂田郡の旧城下町・長浜での縮緬《ちりめん》生産と近郊農村における養蚕について記述している。長浜はすでに寛永年間（一六二四〜）から西陣織《にしじんおり》用に京都へ出荷される「登《のぼ》せ糸」の産地であり、貞享二年（一六八五）の白糸の輸入制限後には、国内を代表する生糸産地となっていた。正徳五年（一七一五）には、京都和糸問屋の取引高のうち、四六パーセントを長浜産の「浜糸」が占める状況であった（盛岡美子「荷受問屋資本の生産地投下の諸形態」）。長浜ではその後、生糸生産だけでなく製織も行われるようになり、宝暦二年（一七五二）に丹後地方から縮緬製織の技術が導入されると、「浜縮緬」と呼ばれる製品を生産するようになった。浜縮緬は年間二万反以上も生産されたが、これらは後発ながらも彦根藩の国産奨励によって京都市場で販売され、丹後縮緬と並ぶ有力商品に成長したことが知られている（矢守一彦『幕藩社会の地域構造』）。

「浜縮緬」の生産開始以降、長浜近郊の農村ではさらに養蚕が盛行することとなった。『蚕飼絹篩大成』によれば、桑は水害に強い植物であるため、宝暦以降の五〇年の間に「江州湖水」の「海辺水廃の地」が、百姓の自力によって桑畑へと開拓されたという。本文中には湖水の泥土がその肥料となっていたことが記され、底泥・水草の浚渫と湖岸の桑畑への施肥を描く挿絵がみられる（図5）。以上のように、琵琶湖の底泥と水草は、輸入白糸に代わる「浜糸」をはじめ、その製織品「浜縮緬」の生産を支える基盤となっていた

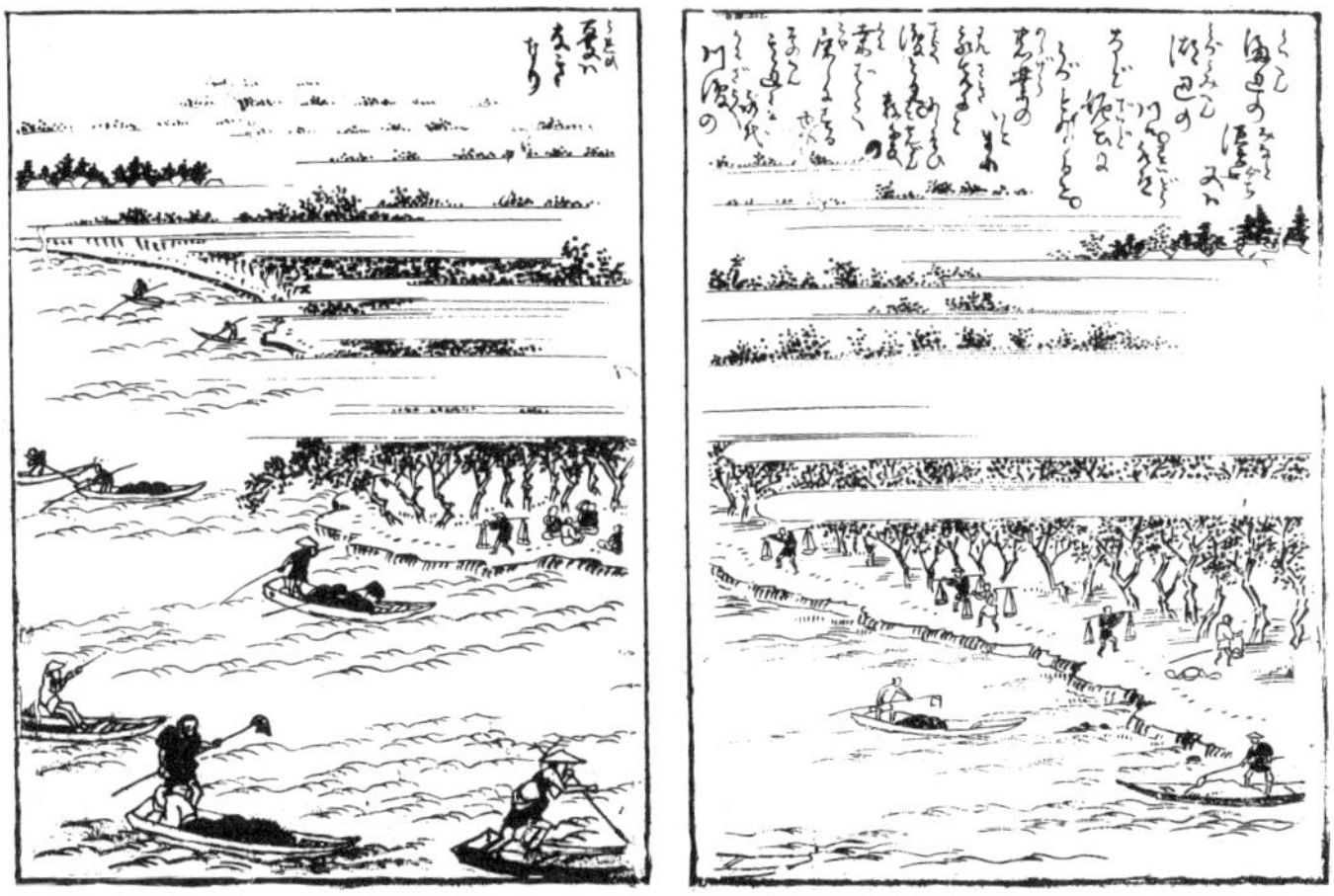

図５　『蚕飼絹篩大成』にみる底泥の浚渫と湖辺の桑畑への施肥
（『江戸科学古典叢書14　蚕飼絹篩大成』恒和出版，1978年，192-193頁より）

のである。

ここで、前項での菜種栽培の様相ともあわせて、本節での結論をまとめよう。琵琶湖沿岸では一八世紀後半以降の京都を市場とする商品生産の進行によって、菜種・桑の作付面積が急激に増大し、その肥料として水草・底泥の採取が本格化したことが明らかである。それは都市での需要増大という市場の論理によって引き起こされた変化であり、これによって肥料藻採取に伴う栄養塩の回収が一層進んだことになる。つまり琵琶湖における里湖の生態系とは、都市の巨大市場と直結して近世後期に確立された「人為的な生態系」であったことが見えてくる。

山地荒廃の里湖への影響

前節で明らかにした近世後期の里湖の確立については、近世前期に起こった集水域の山地荒廃が作用していた可能性も考慮する必要がある。日本各地で近世初頭から中期にかけて山地の荒廃が進んだことは多くの研究によって明らかであるが、琵琶湖集水域においても同様の経緯が認められる。背後の山地から流出した土砂が、琵琶湖岸の環境を大きく変え、里湖の生態系にも影響を与えていたことを明らかにしたい。

土砂流出と琵琶湖の底質

千葉徳爾の名著『はげ山の研究』では、近世の近江国において山地荒廃が激しく進行し、特に南部の田上《たなかみ》山地を中心とする風化花崗岩質《かこうがん》の山々において深刻な土壌崩壊とはげ山化が起こったことが指摘されている。千葉はその要因として、近世初頭の灯火用の松根掘りと、中期以降の多肥化農業に伴う草肥の採取、すなわち林床での過剰な下草刈り・落葉掻きがあったことを明らかにしている。このはげ山化の結果として、近江南部の山地から大量の土砂が流出することとなったが、この土砂は下流の琵琶湖岸の環境をも大きく変えたことに注目したい。

その変化の一つは、河口部に大規模な三角州を発達させたことである。琵琶湖岸に形成された三角州上では、近世中期以降、膳所《ぜぜ》藩や彦根《ひこね》藩によって新田開発や新畑の開発が行われた。このような湖岸での耕地拡大は新たな肥料需要を引き起こし、琵琶湖から採取される水草の量のさらなる増大をもたらしたと推定される。

一方、山地からの土砂流出のもう一つの影響として注目されるのは、湖底の砂質化、すなわち砂質底の面積の拡大である。湖底が砂質化すると、砂地や砂礫底に生息する琵琶湖固有種のセタシジミの分布域が拡がることが重要となる。セタシジミは、砂泥地に多いマシジミと比べると泥臭さがなく美味なため、琵琶湖では重要な漁獲対象種となっている。近世中期以降、背後の山地からの土砂流出に伴って琵琶湖では砂質底が増え、セタシジミの漁場が拡大している様相が史料から読み取れる。このセタシジミの漁獲量の増大が、里湖の生態系のさらなる展開に関係していたと推測されるのである。以下、その具体的な様相について考察したい。

セタシジミと里湖

近世前期にセタシジミの中心的な漁場となっていたのは、その名の通り琵琶湖の最南端に位置する瀬田川《せたがわ》の一帯であった（図6）。近世までの人力による「蜆《しじみ》掻き」漁では水深に限りがあり、この砂質底の拡がる浅い水域が最良の漁場となっていたのである。この砂と砂礫《されき》は、南東に広がる古琵琶湖層の瀬田丘陵から供給されたものであった。

近江南部を支配した膳所藩から正式に蜆漁を許可されていたのは、近世中期までは当地の瀬田唐橋たもとの二村（栗太郡橋本村・大江（久保江）村）だけであった（『膳所藩明細帳』）。しかし一八世紀半ばごろから、西に離れた滋賀郡の「大津馬場村」辺りでも新たに蜆漁が開始されたことが判明している（『膳所藩郡方日記』）。「大津馬場村」は南湖沿岸ではあるものの、伝統的なセタシジミ漁場である瀬田川からは離れた位置にある（図6）。

この場所に一八世紀半ばに新たにセタシジミ漁場が形成された事実は、背後の山地荒廃が進み、その土砂流出によって砂質底の浅い水域が出現したことを意味している。実際に、馬場村の背後にある水谷山では、文化八年（一八一一）に大規模な土砂留《どしやどめ》工事（砂防）が

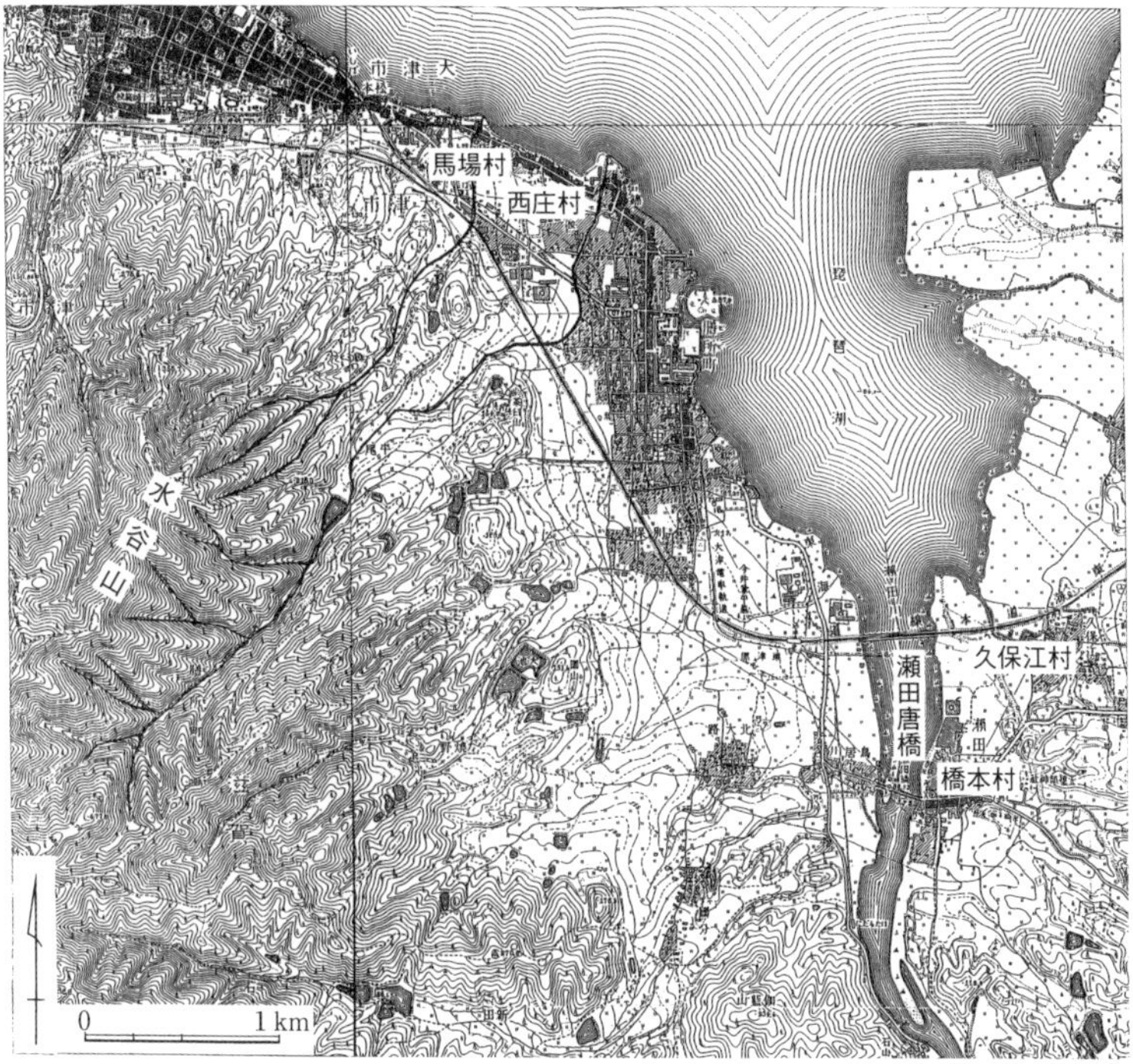

図６　近世のセタシジミ漁場（大正11年測図２万５千分の１「京都東北部」「京都東南部」「草津」「瀬田」に加筆）

行われており、このころまで土砂流出が続いていたことがわかる（『膳所藩郡方日記』）。

このように新たなセタシジミ漁場の出現は背後山地の荒廃を反映するものであり、一見すると集水域の環境悪化を示すように感じられる。しかし一方で、この近世後期に増加したセタシジミ漁は、琵琶湖の水質浄化と深い関わりを持っていたこ

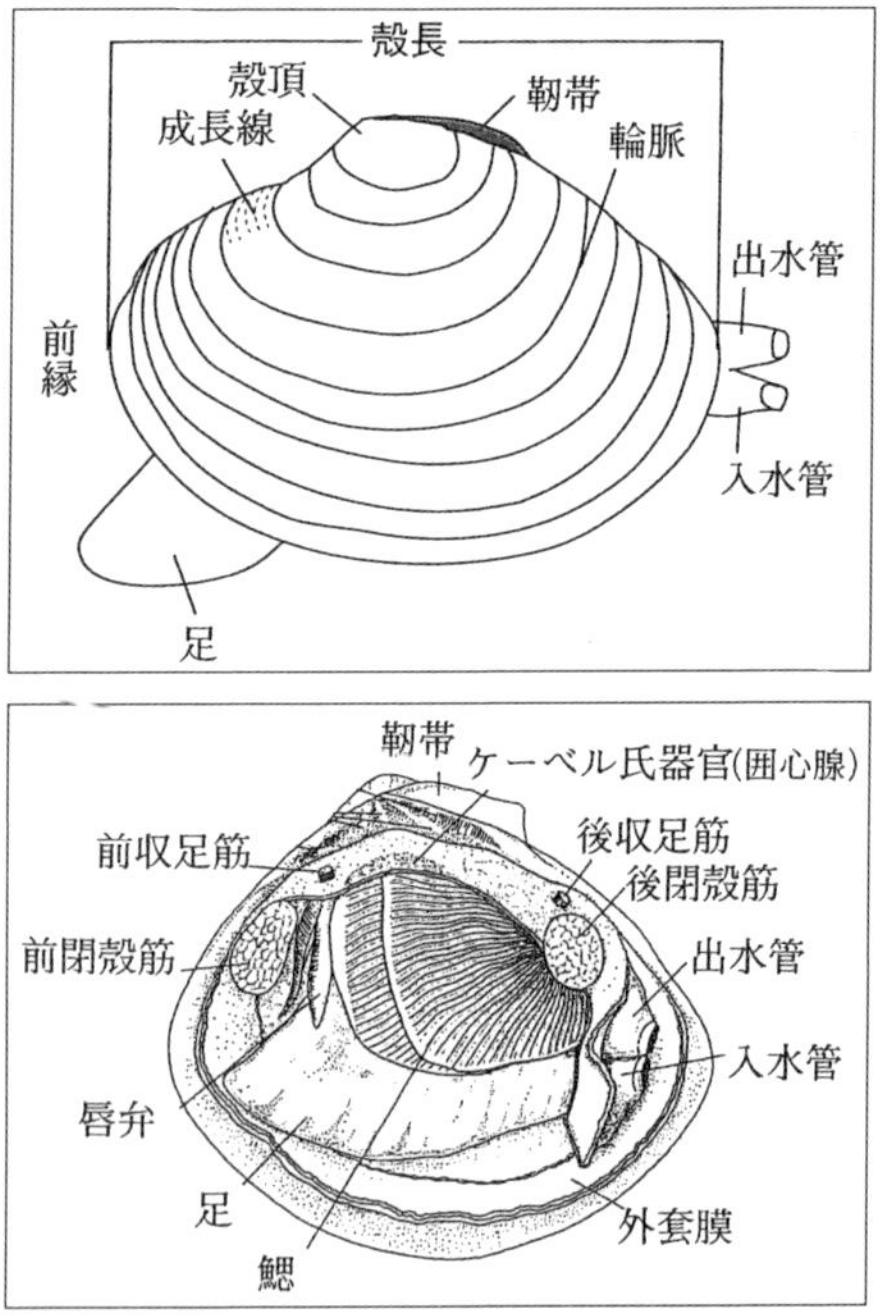

図7　ヤマトシジミの外部形態と内部解剖図（中村幹雄編著『日本のシジミ漁業』たたら書房, 2000年, 3頁より）

とに注目したい。シジミなどの二枚貝は、入水管から吸い込んだ水中の植物性プランクトンなどの有機懸濁《けんだく》物を鰓《えら》で濾《こ》し取り、摂食後の水を出水管から吐き出している（図7）。つまり二枚貝は高度な濾過《ろか》機能を果たしており、近年では水質浄化に役立つ生物との評価が進んでいる。

さらに、これら有機物を体内に取り込んだ二枚貝を漁獲すること自体が、水域からの有機汚濁の除去につながると指摘されていることは重要である（山室真澄「沿岸域の環境保全と漁業」）。その具体的な研究事例として、中村幹雄は島根県の宍道湖《しんじこ》でヤマトシジミ年間一万四八五八トンの漁獲（昭和五六年（一九八一）のデータ）により、リン五・八トンと窒素六八・九トンが陸上へ回収されたと推定している（「汽水湖の生物と漁業」）。近世の琵琶湖におけるセタシジミ漁も、このように水質浄化に大きく寄与していた可能性が高い。特に最大の漁場であった瀬田川とは琵琶湖唯一の流出河川であり、この地点にセタシジミが生息し、大量に漁獲されていたことは、下流の京都・大坂へ供給される水質の保持という点でも大きな意義があったと考えられる。

里山の荒廃と貝灰肥料

セタシジミ漁場が拡大し、漁獲量が多くなった近世後期には、セタシジミは地元消費だけではなく京都市中へも出荷されていたことを確認できる。安政四年（一八五七）には、セタシジミの漁場は馬場村の東隣の西庄《にしのしょう》村にも拡大しており、瀬田付近とあわせて合計五か村が漁に携わっていた。それらは京の白川橋蜆屋仲間を仲立として、口銭《こうせん》と引き換えに京の市中への直売（行商）を行っていた（大江若松神社文書、『近江栗太郡志　巻三』）。その人数は八〇人であり、文面には「先例により」とあることから、これ以前に京への行商が始まっていたことがわかる。

このような近世後期のセタシジミ漁獲量の増加は、琵琶湖集水域の資源利用にさらなる影響を及ぼしていたことに注目したい。それはシジミ貝殻の貝灰《かいばい》肥料としての活用である。セタシジミはゆでると身と殻が自然に離れるため、大漁時には生だけでなく剝《む》き身としても出荷されていた。その折に出る大量の貝殻は廃棄されることなく、焼成して貝灰にして利用された。セタシジミの貝灰は近世前期には石灰同様に漆喰《しっくい》原料として京へ出荷されていたが（『近江輿地史略』）、一八世紀に入ると、むしろ肥料としての需要が多くみられるようになる。とくにこの貝灰肥料を強く求めたのが、近江南部の田上山麓の村々であったことに注意したい。

図8に示した田上山北麓の関津村《せきのつむら》・太子村《たいし》・里村・枝村・森村は、一八世紀後半に大津馬場村からの貝殻に加えて、橋本村・大江村からの貝殻一二〇〇俵を貝灰肥料用に購入している（『膳所藩郡方日記』）。先述のように、田上山地は近世初期からはげ山化が進行していた地域であり、それは近世初期の松根掘りとともに中期以降の多肥化に伴う草肥採取によって引き起こされたものであった。一八世紀後半の田上山地ではこのような山地崩壊に対して膳所藩による土砂留工事が行われ、その山留めによって草肥の採取がさらに困難になっていたことに注目したい（佐野静代『中近世の生業と里湖の環境史』）。この局面を打開するものとして、琵琶湖から貝灰肥料が導入されたのである。貝灰は肥料であるとともにアルカリ性の土壌改良剤でもあるため、田上山麓の強酸性土壌の改良にも有効であったと考えられる。

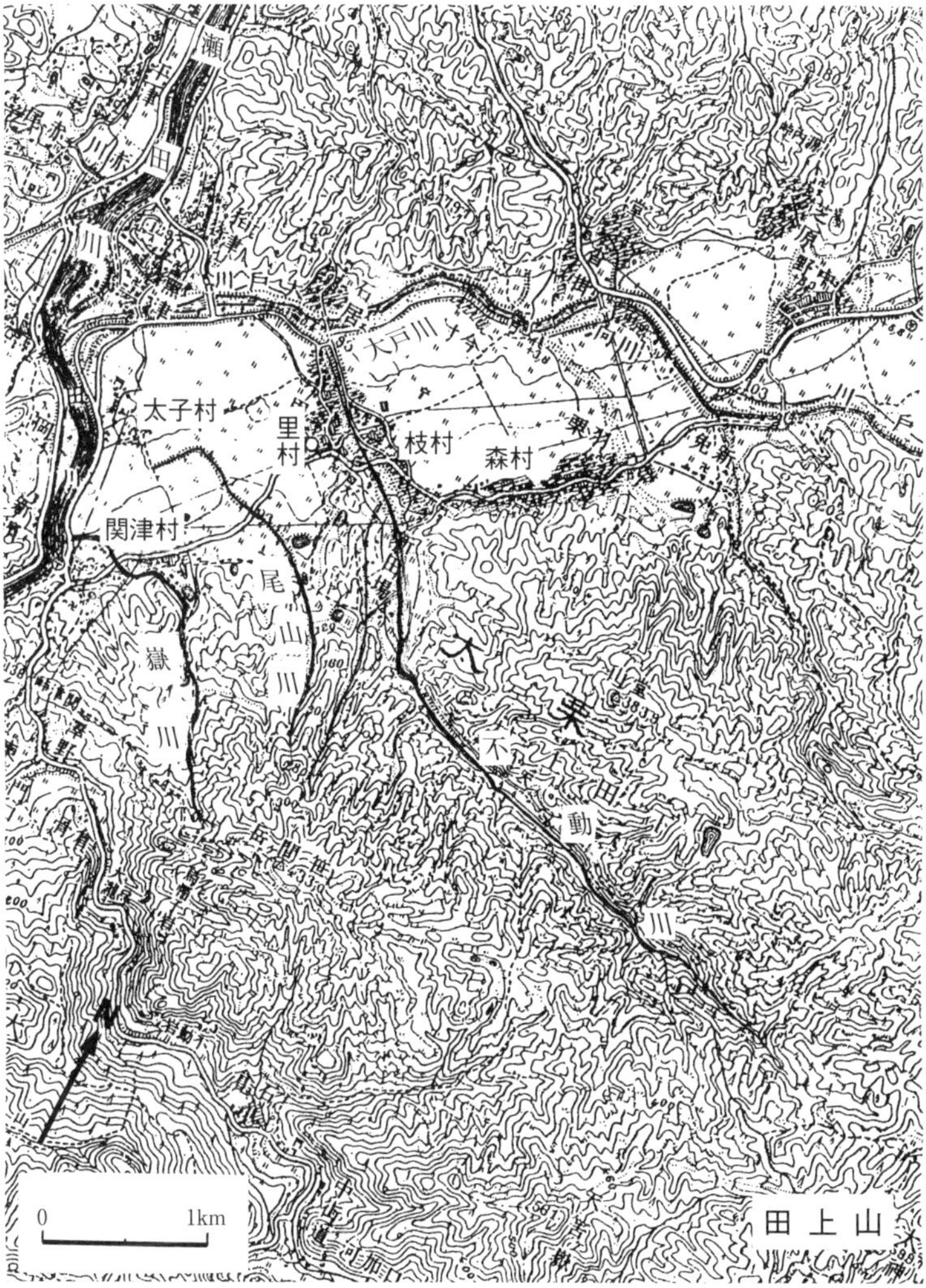

図８　田上山の山麓の村々（明治42年測図・昭和27年要部修正５万分の１「京都東南部」に加筆）

以上のように、一八世紀後半以降の近江南部では、里山の崩壊に伴って琵琶湖の水産肥料による補完が行われており、従来は地域内の里山の草肥によって農業再生産を完結させていた村々が、より広域的な里湖の資源利用システムのなかに組み込まれていく様相をみることができる。

なお、この田上山麓の村々で栽培されていた商品作物は、一八世紀半ばに早稲《わせ》・中稲《なかて》の裏作として導入された菜種であった。この菜種の生産量増大と在地絞油の進展によって、灯火用油が庶民にも普及するようになっていくが、このことは近江南部の山地にも大きな影響をもたらした。近世初期の山地荒廃の原因であった灯火用の松根掘りが、これによって抑制されることとなったのである。

また絞油後の菜種粕が「油粕」として村々の自給肥料となったことも、過剰な草肥採取という山地への負荷を抑制することにつながったはずである。以上のように、菜種は多肥を要する商品作物ではあったものの、湖産の貝灰肥料を導入したその栽培は、一面では山地の保全につながった可能性のあることは重要であろう。

里湖と都市の消費需要

富栄養化に悩む現代と比べれば、近代化以前の琵琶湖は貧栄養状態であったといわれる。このように琵琶湖の水質が保たれていたのは、決して人間による負荷が小さかったためではない。むしろ近世後期には人間活動は増大しており、逆にそれによって水中からの栄養塩の回収が促進された側面のあることは重要であろう。

漁業と栄養塩の回収

ヨシ刈りや水草・底泥の採取に伴う栄養塩の陸上への回収のみならず、セタシジミに関して触れたように、漁撈活動そのものによるリン・窒素の回収機能についても十分考慮する必要がある。湖中の栄養塩類は食物連鎖を通じて魚介類の体内に蓄積されるため、その

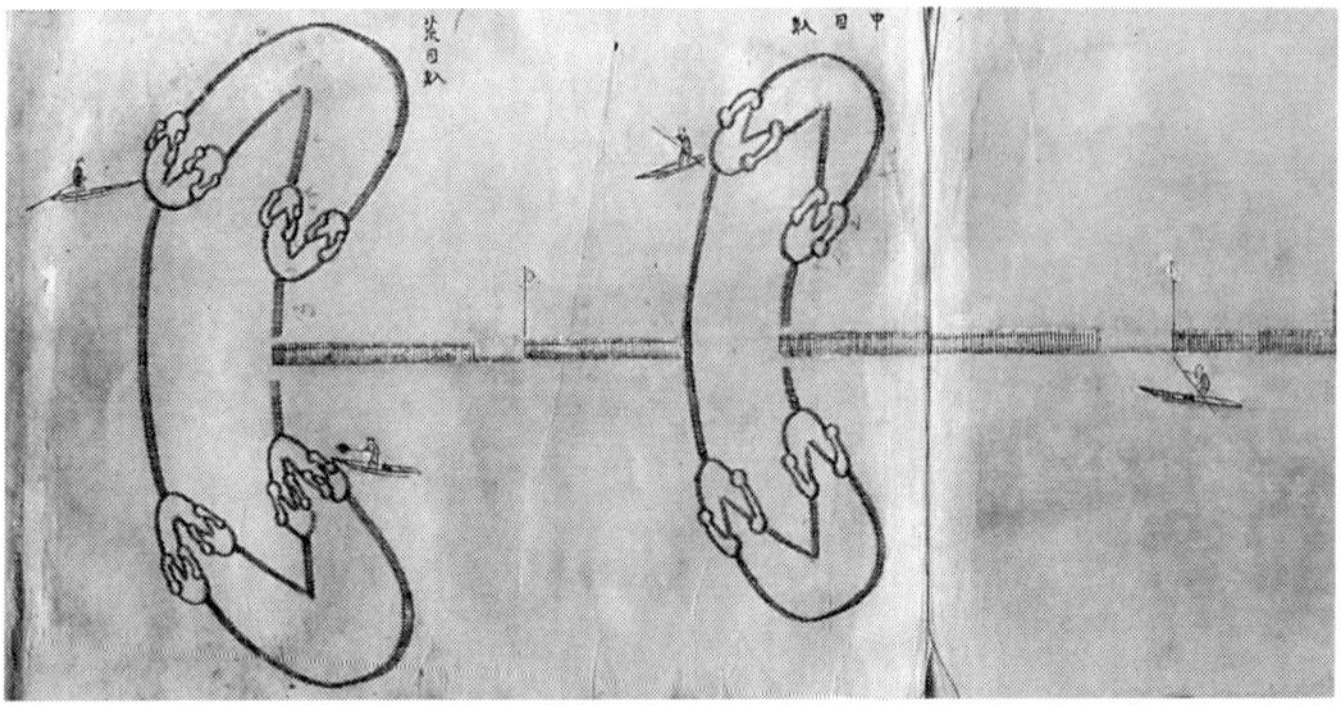

図9　『近江水産図譜』にみる琵琶湖の魞（滋賀県水産試験場所蔵）

漁獲は栄養物質の湖外への除去につながるからである。

　琵琶湖独自の漁法とされる魞漁《えりりょう》を例として、その具体的な様相を明らかにしてみたい。エリは魚の通路に竹簀を立て巡らせて構築された迷入陥穽《かんせい》装置である（図9）。産卵のためにヨシ帯に接岸するフナ・コイを、ツボと呼ばれる最奥の陥穽部に誘導して捕獲する。エリは古代から存在が確認される原始的漁法であり、農民によるタンパク質の自給を目的とした農と漁の複合生業と位置づけられてきた。またエリの操業には近世を通じて厳しい規制があり、新儀のエリ建てや沖への延伸は認められていなかったため、エリは待ち受け型の持続可能な漁法であるとされてきた。

　たしかに近世前期までのエリは単純な構造であり、原初的な待ち受け漁の段階にあったことが確かめられる。しかし近世後期になると、エリは大きく姿を変えていることに注意したい。一八世紀後半には精巧で複雑な構造を持つエリが出現しており、魚捕装置の精密化と漁獲効率の上昇が顕著となっている。一方、時を同じくしてエリの経営形態にも大きな変化が起こっていることは重要である。それは、特定人への貸与方式、すなわち入札による請負制が導入されたことである。

もともと中世・近世初期の琵琶湖のエリの多くは、個人私有ではなく村有あるいは村の鎮守社の神物とされており、村民全員にその用益が均等配分される共有財産（コモンズ）であった。しかし一八世紀後半になると、多くの村の共有エリでは特定の請負人への貸与が見出されるようになる。請負人の決定は入札によっており、請負人は落札価格よりも高い収益を上げるべく個人の利益を追求していくことになる。この入札制導入に伴う変化がエリの精巧化・漁獲効率の向上を促し、また入札によって資本を投入できることが、エリの技術革新の原動力になったと推定されるのである（佐野静代『中近世の生業と里湖の環境史』）。

つまり漁獲技術・経営形態のいずれについても、エリには一八世紀後半に大きな変革が起こっていたことになるが、これはいかなる理由によるものであろうか。それは、京の魚食文化の変化と、新たな消費需要に起因するものであったと考えられる。以下にこの問題について分析してみたい。

京の新しい魚食文化

これまでの研究では、エリ漁の発達は抱卵したニゴロブナを原料とする鮒《ふな》鮨《ずし》（発酵食品としてのナレズシ）の需要と関係づけて理解されてきた。古代の『延喜式』内膳司《ないぜんし》に、琵琶湖岸の御厨《みくりや》から朝廷へ献上された鮒鮨の記載のあることはよく知られている。しかし近世の京都では、これとは異なるフナの新しい食文化が出現していたことに注目したい。それはフナを膾《なます》などとして生食する嗜好であり、活け魚を庶民に提供する「生洲《いけす》」と呼ばれる料理屋の流行であった。この京での消費動向が琵琶湖のフナの新たな需要を引き起こし、エリの技術革新につながった可能性について考えてみよう。

近世の京都案内類によれば、一八世紀の京都では店先に生け簀を設けて活け魚を生で提供する生洲料理屋が盛行していたことが確かめられる。とくに正徳二年（一七一二）に先斗町に生洲株が許可されて以降、二条から四条にかけての鴨川・高瀬川沿いに生洲を称する多くの料理茶屋が建ち並ぶようになった。その様子は安永九年（一七八〇）刊行の『都名所図会』にも描かれており（図10）、図中の建物の一階右の部屋奥に、魚が泳ぐ生け簀がみえる。

図10　『都名所図会』生洲

この生洲料理屋で提供された魚について、江戸時代後期の風俗を描いた『守貞謾稿《もりさだまんこう》』には、鰻《うなぎ》とともに、「鯉《こい》の味噌汁、鮒の刺身等河魚を専らとし、又海魚も交え用ふ」とあることに注目したい。生け簀に蓄養されていたのはウナギ・コイ・フナなどの淡水魚であり、図10の部屋奥の生け簀にもウナギとコイ科らしき魚類が描かれている。

これらの活け魚の産地については、滝沢馬琴《たきざわばきん》の『羇旅漫録《きりよまんろく》』に詳しい記載がある。高瀬川沿いの生洲料理屋へ供給されていたのは、「近江よりもてくる鯉鮒」であり、琵琶湖からコイとフナが生きたまま輸送されていたことが判明する。琵琶湖には西日本各地に生息するギンブナに加えて、固有種としてニゴロブナとゲンゴロウブナが存在し、この二種が漁獲対象となっている。このうち、ニゴロブナが鮒鮨に用いられるのに対して、肉厚のゲンゴロウブナは「ナマスブナ」の別名を持ち、膾・刺身として賞味されることが多い。古代からの鮒鮨に加えて、近世にはゲンゴロウブナの活け魚としての需要が生じていたことがわかる。

このフナを生きたまま京へ輸送するためには、漁獲の際に魚体に傷をつけないことが求められる。近代でもフナの漁に刺網を使うと捕獲時に糸痕がつき、鱗《うろこ》が剝離して傷となるために運搬中の死魚が多かったとされる（『琵琶湖水産調査報告第三巻』）。これに対して迷入陥穽装置であるエリでは、ツボに溜まったフナを毎朝タモ網ですくい取るだけなので、魚体の損傷はほとんどない。したがって、活け魚用のゲンゴロウブナの需要が高まるにつれて、琵琶湖ではエリの重要性が高くなっていったことが推測されるのである。

都市商人のエリ漁への介入

ここで問題となってくるのが一八世紀後半からエリの経営に入札制度が導入され、一九世紀前半にはすでに一般化していた事実である。たとえば天保二年（一八三一）の神崎《かんざき》郡三ツ谷村では、村エリの落札金は一〇年分として三〇〇両にも及んでいる（三津屋文書）。このような大金を一般の農民が払えたとは考えられず、むしろ村の外部からの資金導入があったことを推測させる。

ここで想定されるのは、生洲料理屋など京の商人が出資していた可能性である。ウナギを主目的とするものではあるが、天保一二年（一八四一）に京都三条の生洲経営者である山形屋安右衛門が資金を提供し、福井の三方五湖《みかたごこ》にエリを作らせた事例がある（『川渡甚太夫一代記』）。このエリの設置には琵琶湖岸の坂田郡磯村のエリ漁師が雇われており、京の生洲料理屋が近江のエリ漁師と関係を有していたことが知られる。つまり生洲料理屋などの京の商人が入札権のある村民を代理人にして、エリの経営に関わっていたことが推測されるのである。

このように京の生洲料理の流行が活け魚としてのゲンゴロウブナの消費を拡大し、それが資金投入も含めてエリ漁を活性化させた可能性が考えられる。すなわち一八世紀後半以降の琵琶湖のエリに起こっていた魚捕技術の革新と入札制の導入は、都市でのフナの消費拡大に起因するものであったといえよう。この京でのフナの需要は、それまでは自給的な待ち受け漁であった琵琶湖のエリを、商業的・投機的な経営形態へと変質させたのである。

このようなエリ漁獲量の増大は、乱獲の問題とも紙一重であったことにも留意すべきであろう。前述のように近世にはエリの新設と沖合への延伸が厳しく制限されていたため、かろうじて乱獲を免れていたと推定されるが、しかしこの規制がいったん解除された明治初頭には、多くのエリが新設・大型化されており、乱獲が進んだことが明らかである（佐野静代『中近世の生業と里湖の環境史』）。

都市での魚鳥流通

一八世紀後半以降、相次ぐ技術革新によって漁獲効率を大幅に向上させたエリでは、自給量をはるかに超えるフナ・コイが漁獲されて京へ運ばれたが、それは魚類の体内に蓄積された栄養塩類が琵琶湖から大量に除去されたたことを意味している。琵琶湖漁業が衰退しつつある現在においても、在来種の漁獲によって毎年リン六・三トン、窒素二一七トンが湖外へ回収されているとの試算もある（滋賀県『琵琶湖と暮らし二〇一五　指標でみる過去と現在』）。京での消費をまかなう大量のフナを捕獲していた近世後期において、漁撈という生業の栄養塩除去の機能を再検証する必要があるだろう。

各地のエリで漁獲されたフナの多くは、生け簀を備えた船で大津湖岸の一三軒の魚問屋に集荷され、その下に属した一二五人の魚仲買の手によって、大津だけでなく京の市中へも直買されていた（『淡海録』）。『東海道名所図会』には、京へ向かう途中にある逢坂の関近くの名水「走井」で、生きたフナの入った四ツ桶を換水している仲買人の様子が描かれている（図11）。

大津の魚仲買が京の市中へ直売したのはフナだけではなかった。彼らの取扱商品のうちには湖岸で捕獲された水鳥も含まれており、一八世紀後半には水鳥もまた琵琶湖の水産物の一つとして京への直売を認められている（万亀楼所蔵文書）。

図11　『東海道名所図会』走井（部分）

琵琶湖沿いの村々では、湖岸の水田のうち冬季にも湛水したままの「水付田所」を「鳥溜まりのゐかや」と呼び、マガモなど潜水できない水面採餌ガモの餌場としておびき寄せ、トリモチで捕獲していた（伊賀敏郎『滋賀縣漁業史　上』）。これらの水田では集まった水鳥の糞が肥料となることが知られており（『民間省要』）、ここにも里湖としての農と猟の循環システムをみることができる。

「ゐかや」は南湖沿岸にも多く設けられており、これらの村々で捕獲された水鳥が京都へ運ばれていた。前掲の図10の生洲の説明文に「もろもろの魚鳥を料理して客をもてなし」とあるように、生洲料理屋では水鳥も提供されていたことに注意したい。この京で消費されたマガモの産地について、享保一五年（一七三〇）の『料理網目調味抄』では、京・大坂に次いで「近江鳥」が上げられている。このように近世後期の京都では、琵琶湖産の水鳥も大量に消費されていたのである。

里湖・里海の成立をめぐる論点

以上のように、里湖としての琵琶湖の生態系は、京における灯火油料と衣料品、そしてゲンゴロウブナや水鳥の需要、すなわち都市の衣食住にまたがる旺盛な消費活動と結びついて近世後期に確立されたものだったことがわかる。近世都市の爛熟した消費文化が、肥料藻採取や漁撈による水中からの栄養塩の回収を促進させ、琵琶湖の水質を保つ機能を果たしていたことになる。つまり里湖とはすでに地域内部で完結するものではなく、近世都市の巨大な消費市場と直結して形成された生態系だったのである。

さらに、この里湖の生態系は決して在来的な自然とはいえず、その確立の画期に商品作物の導入という人為的な契機が存在していたことも重要であろう。従来の里山など「人の手の加わった自然」に関する研究では、在地の伝統的な生業活動が「適度な攪乱」とみなされてきたが、琵琶湖の場合には商品作物たる「外来種の移入」というさらに強い人為的介入が認められるのである。

このことは、琵琶湖だけに限らず他の里湖でも見られた現象であった可能性がある。すでに平塚純一が指摘しているように、里湖の代表例とされる山陰の中海《なかうみ》において大量の海草・海藻が採取されていたのは、綿作の肥料とするためであった。木綿《きわた》は菜種と並んで近世を代表する商品作物であり、同様に大陸から移入された外来種である。近世後期、綿作地としては後発地であった中海沿岸が日本有数の産地に躍進できたのは、高騰していた干鰯に代わって肥料藻を利用できたことが一つの要因とされている（岡光夫『日本農業技術史』）。この事実は、先述の菜種栽培に水草を利用して有力産地となった近江国栗太郡の事例とも共通するものであろう。このように琵琶湖以外の湖についても、里湖の生態系の要となる肥料藻採取が本格化する過程に、商品作物、特に外来種の導入が関わっていた可能性について検討する必要がある。

さらに、琵琶湖における里湖の資源循環システムの前提には、近世中期までの過剰な森林利用による山地荒廃の影響があったことも重要である。山地からの土砂流出が下流域に三角州の発達と底質の砂質化をもたらしたことは、琵琶湖以外にも特に花崗岩質の山地を背後に持つ瀬戸内海などの沿海域でも広く認められる現象である。この三角州上の新田・新畑で商品作物が栽培され、そこに沈水植物が施肥されるという構図は、里海の形成過程を論じる上でも欠かせない主題となるはずである。したがって背後山地の荒廃と砂質底の拡大との関係については、各地の里海を対象として分析を進める必要がある。

そこで次章以下に、琵琶湖の事例から浮かび上がってきた里湖・里海の生態系確立に関わる三つの論点、すなわち①都市消費との関係性、②商品作物（特に外来種）導入との関わり、③背後山地の荒廃との関係、を切り口として、各地の里湖と里海の形成過程について考えていくこととしたい。

「里湖」としての潟湖と商品作物

八郎潟の肥料藻利用とコアマモ

肥料藻採取と潟湖

表2は、これまでの研究で里湖と位置づけられてきた主な湖沼と、その近代期の公式統計に基づく肥料藻採取量を示したものである。それぞれデータの年代も異なり、かつ実態としてはこの何倍もの採取量があったと推定されているが（平塚純一ほか『里湖モク採り物語』）、しかし大勢として肥料藻の採取量が圧倒的に多かったのは八郎潟《はちろうがた》であったことがわかる。

八郎潟は昭和三二年（一九五七）に干拓が始まるまで、面積二二〇平方キロの日本第二位の湖であった。八郎潟での肥料藻採取量は他の湖沼の二倍以上に達しており、この数値はおそらく八郎潟が日本で最も沈水植物利用の盛んな湖であったことを示している。そこで

表2　公式統計に基づく肥料藻採取量の多い湖沼（湿重量）

湖沼	年　代	採取量（t）	産額(円)	備　考	出典
八郎潟	大正4年（1915）	54,000	22,600	水草（淡水）の湿重量	①
		544	6,525	コアマモの乾燥重量	
浜名湖	大正元年（1912）	8,374	15,654	浜名郡の小計	②
	大正7年（1918）	2,588	6,542	引佐郡の小計	③
中　海	明治27年～大正4年（1894～1915）	20,000		島根県・鳥取県の合計	④
琵琶湖	昭和5年（1930）	20,424	52,988		⑤
霞ヶ浦	大正から昭和初期	11,250～18,750			⑥
印旛沼	大正2年（1913）	8,147	6,872		⑦

「出典」欄　①秋田県水産試験場『八郎湖水面利用調査報告』
②静岡県浜名郡編『浜名郡誌 下巻』
③静岡県引佐郡教育会編『引佐郡誌 上・下巻』
④平塚純一ほか『里湖モク採り物語』
⑤滋賀県総務部統計課『昭和五年滋賀県統計書』
⑥坂本清『霞ヶ浦の漁撈習俗』
⑦千葉県印旛沼役所『千葉県印旛郡誌』

本章では、この八郎潟における肥料藻採取の実態と里湖の生態系について考えてみたい。

八郎潟は地形としては中海と同様に「潟湖《せきこ/かたこ》」（ラグーン）に分類される海跡湖である。潟湖地形の特徴は浅いことであり、八郎潟もその面積に比して水深はきわめて浅く、最深部でも四・七㍍にすぎなかった（図12）。八郎潟では特に日光が届いて沈水植物が生育する水深三㍍までの水域が広い面積を占めており、そのために沈水植物の資源量が多かったのである。

潟湖タイプの里湖の代表例は中

図12　八郎潟地形図（輯製20万分の１「男鹿島」明治24年再版，「弘前」明治22年製版，「秋田」明治34年再修）
左上図は加藤君雄「八郎潟の水生植物群落の分布と生産量」（秋田県教育庁社会教育課編『八郎潟の研究』1965年）393頁と秋田県水産試験場『八郎湖水産基本調査書』1936年より作成．

海であり、すでに平塚の研究によってアマモなどの海草が木綿畑の肥料として大量に採取されていたことが明らかにされている。八郎潟でも汽水《きすい》域には海草のコアマモが繁茂しており、表2にみるように水草以外にコアマモも大量に採取されていた（湿重量に換算すると一〇倍）。しかし後述するように、八郎潟でのコアマモ採取の目的は中海の場合とは全く異なり、木綿畑へ施肥するためではなかった。結論からいえば、中海と八郎潟におけるコアマモ利用の相違は、木綿という商品作物への関わり方の違いに基づくものである。そこで本章では、このように潟湖間でも異なる肥料藻利用の実態について、それが里湖の生態系の成立に与えた影響とともに明らかにしてみたい。

八郎潟での漁撈と水鳥猟

秋田県の西部、男鹿《おが》半島の付け根に位置する八郎潟は、昭和三二年より干拓が進み、現在ではわずかな調整池部分を残して一面の水田地帯となっている。八郎潟には多くの河川が流れ込んでいたが、その湖水が日本海へ流下するのはただ一ヶ所、南西部の船越水道と呼ばれる水深二メートル足らずの水路部であった（図12）。この船越水道では潮汐や風向によって海水が浸入する状況がみられ、そのため八郎潟南西部（図12左上の1区）は汽水状を呈していた。この汽水域には海草であるコアマモが繁茂しており、多様な生物の生息地となっていた。このように八郎潟では、淡《たん》

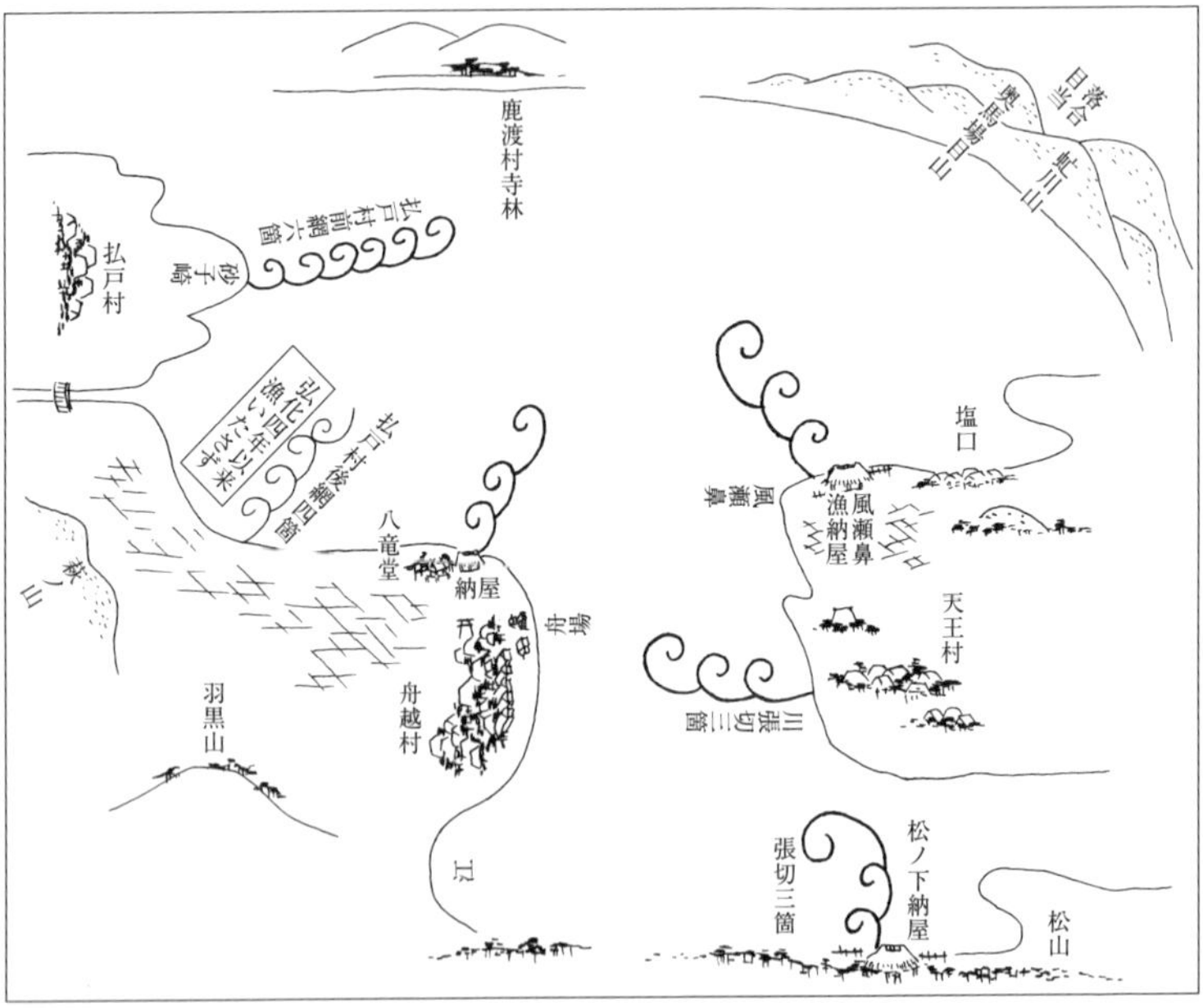

図13　19世紀における張切網漁場（『絹篩』所載「張切懸場所図」をトレース）

水《すい》と汽水の両方の生物相がみられたことが大きな特徴である。

八郎潟に生息した魚種は四〇科七二種にも上ったが、これは八郎潟の穏やかな水域が産卵や稚魚の生育空間に適しており、汽水・沿海性魚類が季節的に海域から侵入したためである。沿岸の村々ではこれらを対象とした多様な漁撈《ぎょろう》活動が行われていたが、近世・近代を通じて農と漁の複合生業が一般的であった。沿岸で最も漁撈の比重が高かったのは、八郎潟の開口部を扼する船越村と天王村であり、船越水道を通過するボラ・シラウオ・スズキなどを対象に、張切網・毛縄網・間手網といった大規模な定置漁法（図13）が行われていたことがすでに一七世紀から確認されている。

このような漁撈活動に加えて看過できないのは、鴨・白鳥などを対象とした水鳥猟である。これら水面採餌型のガンカモ類は潜水できないため、浅い八郎潟に発達した沈水植物帯やその周囲に拡がる水田が、重要な餌場になっていたのである。大名佐竹氏による白鳥猟に加えて、近世からすでに村方でも鴨猟の盛んであったことは、八郎潟東岸の今戸集落に、嘉永七年（一八五四）銘の「鴨魚供養碑」が残されていることからも知られる。

抽水植物の利用の民俗

漁撈・水鳥猟以外にも八郎潟の生物資源を利用した生業として注目されるのは、水生植物の利用である。沿岸の村落では、抽《ちゆうすい》水植物と沈《ちんすい》水植物を多岐にわたって利用しており、多様な民俗文化が存在していた。

まずは抽水植物についてとりあげたい。八郎潟の沿岸にはヨシ群落が発達しており、ヨシ以外の構成種であるマコモ・スゲ・ガマもさまざまに利用されていた。その主な用途をまとめたものが表3である。ケラ・簑《みの》・冠《かぶ》り物など、抽水植物の多くが水に強い繊維用材として、雨具や農作業用具、あるいは防寒具に用いられていることが注目される。

なお、ヨシそのものは簾《すだれ》や屋根葺材、漁具に用いられたことは琵琶湖岸とも同様であ

表3　八郎潟沿岸の抽水植物とその利用法

種類	用　　途
ヨ　シ	簾，漁具用葭簀（簀立漁・建網），屋根葺材，ショガキ（冬囲い）
マコモ	キゴモ（背中当て），キダラ（日よけ用作業着）
ス　ゲ	ミノ，ケラ，笠，ムシロ
ガ　マ	ハバキ，ガマボッチ（帽子）

聞き取りおよび秋田県教育庁社会教育課『八郎潟の研究』1965年により作成.

るが、当地ならではの利用形態として目を引くのが「ショガキ」への利用である。ショガキとは東北地方において「冬囲い」、すなわち冬季の季節風から家を守る防風用の垣を意味している。八郎潟沿岸で初冬に刈り取られたヨシは、簾に編んで垣に取り付けられるほか、あるいは丸束のままで、防風壁として家の周囲に立てられた。丸束のまま使われたヨシは春先になると簾に編まれ、琵琶湖の魞《えり》に似た簀立《すだて》漁の用材、または苗代《なわしろ》囲いとしても活用されている。

このように八郎潟の沿岸のヨシ群落は村落にとって有用な生活資材であったため、これら抽水植物帯の多くは村の共有財産とされるのが通例であった。村の神社の所有地とされていたヨシ地のあったことも琵琶湖岸の例と共通している。ヨシ刈りの口開《くちあ》けは村によって決定され、その分配量についても厳重に管理されており、八郎潟の沿岸でもヨシ地は村落のコモンズであった様相が認められる（佐野静代『中近世の村落と水辺の環境史』)。

沈水植物の利用

先述のように、八郎潟の沈水植物には淡水の水草類と汽水域のコアマモの両方がみられ、近世には「モク」と総称されていた。両者はそれぞれ異なった目的で採取されており、このうち肥料藻として大量に利用されていたのは淡水の水草類であった。まずこの水草の利用について考えてみよう。

近世の八郎潟で水草を肥料としていたことについては、すでに元禄一六年(一七〇三)の記録がある(遠藤家文書)。八郎潟周囲の低湿地の村々では山林が乏しく、刈敷《かりしき》を得るための草刈場が不足していた。そのため湖から得られる水草が村々の農業生産を支えるものとして早くから重視されていたのである。

大正五年(一九一六)の秋田県水産試験場『八郎湖水面利用調査報告』によれば、水草のうち肥料として最も重視されていたのは、「やなぎもく」と呼ばれていたリュウノヒゲモであった。採取は七・八月が盛期で、その方法は漁船に一人もしくは二人が乗り込んで、二本の棒で作られたカラミ棒で藻を挟み、巻き取るものであった(図14)。一回の巻き取りで取れる量は約一貫(三・七五キロ)、リュウノヒゲモを舟一隻に満載すると重さは約三〇〇貫になったという。

図14　八郎潟での肥料藻の採取（秋田県立水産試験場『八郎湖水面利用調査報告』1916年，口絵より）

このリュウノヒゲモの施肥対象となった作物について考えてみたい。上記の水産試験場報告では、「湖岸の稲田二三七六町歩と畑一三一〇町歩に施肥される」とある。一方、大正元年の別の報告では、リュウノヒゲモが「小麦の肥料に専ら用いられる」こと、さらに「稲作には土と積み合わせて土肥」として用いられることを述べている（大正元年「農況」付録）。このように近代ではリュウノヒゲモは水田と麦畑の双方に施肥され、特に麦畑への肥効が高いと認識されていたことが重要である。

ここで留意すべきは、当地の水田では琵琶湖岸とは異なり、二毛作は行われていなかったことである。近代までこの地方では、冬季の気温の低さによって二毛作は困難であった。したがって小麦は水田の裏作ではなく、畑地で栽培されていたことに注意したい。

この八郎潟沿岸の畑地について、近世には「潟はた（＝潟端）の事ゆえ、畑等もこれ無く」とあるように、畑地はわずかしか存在していなかったことに注意が必要である。低湿な八郎潟の沿岸では畑地はもともと少なく、たとえば東岸の今戸村のように、明治四年（一八七一）の段階でも畑地が総耕地面積の一・七㌫にすぎなかった村も存在していた（遠藤家文書）。

後述するように一九世紀初めに潟端の開発が行われたことによって、以後沿岸に畑地が拡大していった経緯のあることに留意したい。つまりリュウノヒゲモが施肥された麦畑の多くは一九世紀以降に成立したものであり、したがって肥料藻としての水草の採取は一九世紀以降に本格化したことが推測されるのである。以下に、詳しく検討してみよう。

新畑の開発と米の商品化

近世の八郎潟沿岸の新田開発は、一七世紀中葉の第一波に続いて、一九世紀前半に第二のピークが到来したことが明らかになっている（半田市太郎編『八郎潟』）。その開発対象となったのは主に砂丘列間低湿地と村落背後の原野であったが、加えて八郎潟沿岸の「潟端起上地」も含まれていたことに注意したい。これは文化七年（一八一〇）の男鹿大地震により隆起した湖岸の地であった。これらの開拓は水田開発を意図したものであったが、用水の便がない場合には新畑としての開発も行われている。

たとえば嘉永期の地誌である『絹篩《きぬふるい》』には、八郎潟の南端に当たる大崎村とその隣の大久保村において「田地に宜《よ》き地也《なり》と云《いう》とも水元なし」の湖岸の地が、天保以降に畑に開墾されたことを記している。注目すべきは、その畑地で麦が作られたとの記述である。『絹篩』の「藻草」の項にも、この大崎村・大久保村の麦畑の記載がある。

（前略）柳モクを糞とす、田地に多く用ゆれは悪し、麦畑これを上とす。故に大久保、大崎辺麦を出す事少なからず。総して畑に善《よ》しと云ふ。

これによって、湖岸の新畑では、リュウノヒゲモを肥料とした麦作が行われていたことが明らかである。このように新田・新畑開発が盛んとなった一九世紀以降、稲作に加えて麦畑への施肥のために肥料藻の採取が活発化した様相を見ることができる。

しかしながらこの麦は自給用にとどまっており、八郎潟の沿岸では商品となるほどの麦の生産量はみられなかった。そもそも幕末の農況を反映する明治一〇年の『全国農産表』では、八郎潟を含む秋田郡の農産物は、普通作物が九五・七パーセントを占めており（そのうち八五・三二パーセントは米）、商品作物がほとんど見られないことに大きな特徴がある。つまり八郎潟周辺は典型的な米単作地帯であり、裏作や畑作による菜種や木綿の生産は認められないのである。

このような米単作地帯では、商品作物は全く存在せず、商品経済は農村には波及していなかったのだろうか。答えは否である。当地で商品作物となっていたのは、米そのものであった。文化七年（一八一〇）の菅江真澄《すがえますみ》の『氷魚《ひお》の村君《むらぎみ》』には、凍結した八郎潟の湖上を東岸の五城目の市へと向かう人馬の列が描かれており、その馬には多くの米俵が附けられている。米自体が商品として出荷されていることがわかるが、これらは八郎潟東部の在郷町および山を越えた阿仁《あに》鉱山にて消費されたという（半田市太郎編『八郎潟』）。

先述の潟端の新畑開発に伴う小麦の増産は、自給用となった分、商品へまわす米の量を増やすことにつながった点に注意したい。このように八郎潟沿岸の新田と麦畑の拡大は、米の商品化をさらに進行させた可能性がある。結論として、八郎潟では一九世紀以降、新田開発に加えてこの小麦畑の拡大により、肥料藻の採取が促進されたことが見えてくる。

続いて、沈水植物のうち汽水域のコアマモの利用について考えてみたい。

コアマモの多様な利用

近世末期の八郎潟におけるコアマモの利用については『絹篩』に記述がある。

藻草　是《これ》大産なり。葉藻草として他領迄販く、編んで在々に捌《さば》く莫大なり。舟越、天王半通りこれを業とす。両村の陸より十五丁位の処を澗口と云て三四尺の深み、其沖をマブと云。澗口に生するを韮藻草と云、マブに生するを柳モクと云ふ、韮モクは夏

図15　コアマモのショガキ（岩波写真文庫〈復刻ワイド版〉『男鹿半島』1988年，28頁より）

秋ぬけて流れ寄るを拾ひ揚けて干して商ふ。

（後略）

文中の「葉藻草」「韮藻草」「韮モク」がコアマモを、「柳モク」がリュウノヒゲモを指す。腐食して肥料となるリュウノヒゲモに対して、海草であるコアマモは強靱な葉脈を持っている。成長後、秋冬に自然に抜け落ち、岸に打ち寄せられたものを拾い集めて乾燥させ、繊維材として編んで他領へ販売していたことがわかる。コアマモには塩分が含まれていたため、戸外にさらして塩抜きする必要があったが、コアマモを冬場の防風用の「ショガキ」に用いることによって、これを兼ねたことも多かったという（図15）。

「他領迄販く、編んで在々に捌く莫大なり」とあるが、コアマモによって具体的にはどのような製品が作られていたのであろうか。大正五年（一九一六）の『八郎湖水面利用調査報告』によれば、その用途は布団綿の代用、椅子・腰掛の芯、防火防水用・諸機械掃布の代用、襁褓《おむつ》の代用、または製紙原料など多岐にわたり、遠く県外や関東へ移出されていたとある。このうち防火用布および布団綿の用途については、すでに享和二年（一八〇二）の菅江真澄の『雪の秋田根』に記述がある。貧家での一夜の宿りの際、その寝具は、「わらを厚く重ねて、その上に稲むしろを敷き、湖水からとったやわらかい藻のむしろを置」いたものであり、この「藻夜着のふとん」は「豊かな家では火事を防ぐために用いているモクというもの」と記されている。

また襁褓の代用とは、幼児を入れる桶の容器「イイヅメ」に底敷きとして入れたことである（図16の「モク」がコアマモを指す）。おしめをつけずに幼児の肌が直接触れても大丈夫な柔らかさであったという。またコアマモを便所の紙代わり（＝オトシモク）として使う家もみられ、これらは最終的には堆肥《たいひ》に混ぜて畑地の肥料にしたという。

この他にも種籾の出芽用の保温覆いにモク蒲団を使うことも広くみられた。また、菅江真澄の『秋田のかりね』には、象潟でも藻を刈り取って干し、馬の背に掛けたり、外での風除けに使う蒲団を作ったりしていたことが示されている。

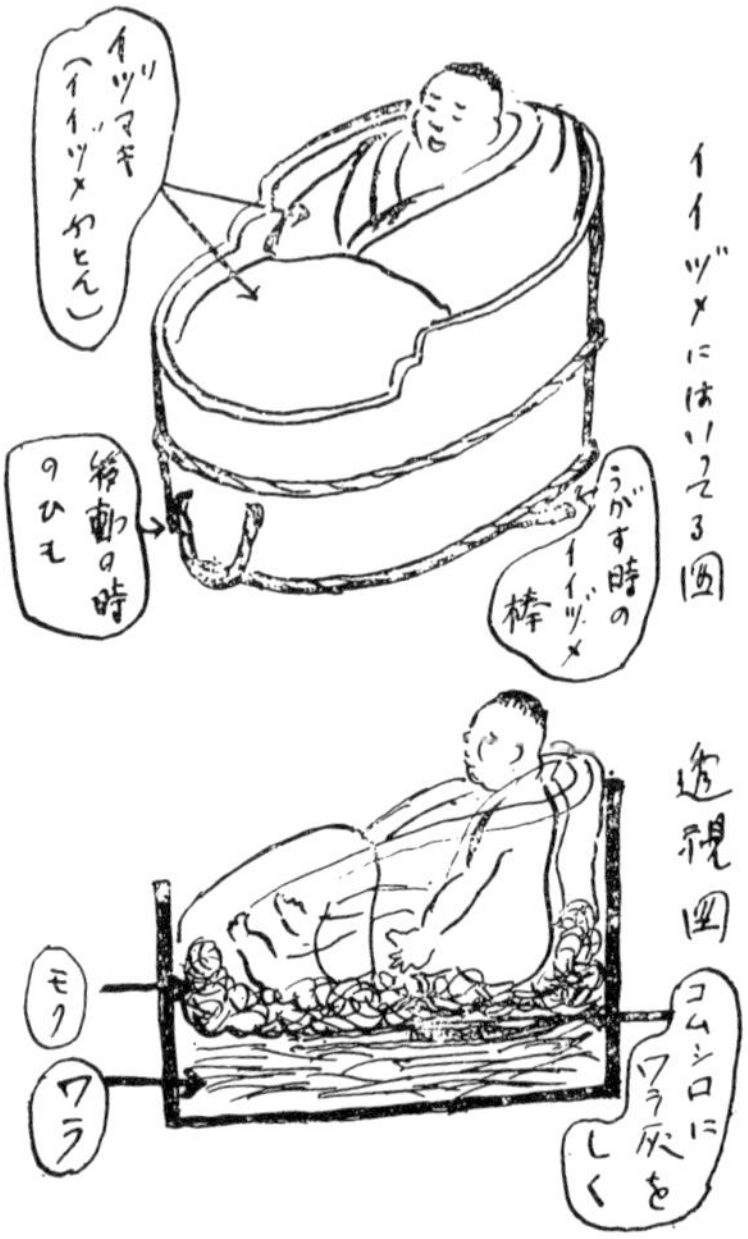

図16　イイヅメの底敷きとしてのモク
（『秋田県史　民俗・工芸編』秋田県，1962年，538頁より）

先述のように、山陰の中海《なかうみ》など各地の里湖においては、近世にはコアマモはアマモとともに大量に採取され、木綿畑の肥料に用いられていた。しかしコアマモを繊維材として利用する民俗は、八郎潟をはじめとする東北地方にしかみられないものである。このように秋田以北において、肥料以外のコアマモ利用の民俗文化が展開していたのはなぜであろうか。

木綿とコアマモ

その要因は、やはり木綿栽培との関係に求められる。秋田以北では気候的制約、すなわち綿の生育に適した温度に達しないために、木綿の栽培は不可能であった。そこで衣料としては元来の麻に加えて、近世後期には大坂から繰《くり》綿《わた》を購入し、その製織のみを地元で行う形態となっていた。幕末に至るとこのような無綿作地でも日常着として木綿布が普及していたが、しかし他地域から購入する綿の価格は安いものではなく、大量の綿を必要とする布団までは入手する余裕がなかった。そのため当地では布団の中綿に、綿ではなくコアマモの繊維が用いられたのである。

コアマモの「藻草ふとん」は藁《わら》や麻くずを入れた布団に比べて保温性が高く、前掲の菅江真澄も、「寒い冴えた夜分ともしらず、あたたかい夜具の上にやすむ思い」と述べている。すでに印南敏秀の指摘にあるように（『里海の自然と生活』）、コアマモは綿の代用になったのではなく、逆に木綿導入以前の古態が八郎潟周辺に残されていたと理解すべきであろう。つまり他の湖沼では、コアマモの多様な用途は木綿の導入以降はそれに取って代わられ、コアマモはもっぱら木綿の肥料に使われることとなったが、しかし木綿栽培が及ばなかった秋田以北では、コアマモ自身の繊維材としての役割が近世以降も保持されたことになる。

八郎潟では木綿のかわりにコアマモ自身が商品として売買されたわけであるが、このような広域にわたるコアマモの需要は、先述の通り嘉永期の『絹篩』にも「他領迄販く、編んで在々に捌く莫大なり」とあり、たとえば八郎潟西岸の松木沢村《まつきざわむら》と本内村《ほんないむら》が、藻草を編んで山本郡へ運送していたことが記されている。また先述のように菅江真澄がモクの蒲団を使った場所は、八郎潟から直線距離で三〇キロ以上離れた山あいの森吉村《もりよしむら》であり、八郎潟のコアマモが遠方の山村まで流通していたことが判明する。

コアマモの需要は近代以降さらに増大しており、その移出先は秋田県内にとどまらず関東地方まで及んでいる。たとえば明治四四年の『郷土誌』（天王小学校所蔵）には、コアマモは「汽船汽車ノ掃除用」として、「東京ニ向ツテ移出」されているとある。前掲の『八郎湖水面利用調査報告』には、コアマモの用途として「椅子・腰掛の芯」があげられていたが、一方、この頃の東京では、山手線の座席のクッションにアマモが使われていたことは興味深い（相生啓子「循環型資源としての海草利用について」）。八郎潟から送られたコアマモにも、このような用途があったのかもしれない。また第二次世界大戦中にはコアマモ製の布は防火効果が高いとして、焼《しょう》夷《い》弾《だん》対策用に宮内省へ納入されたとの新聞記事もみられる（『秋田魁新報』昭和一七年一一月一〇日など）。このように八郎潟のコアマモには、広域的な需要に基づく商品という側面が認められ、この都市との結びつきによって八郎潟でのコアマモ採取が一層促進された経緯が見出される。

都市での魚類の消費需要

八郎潟の水産資源と都市消費とのつながりは、近世後期における漁撈活動にも濃厚に認められる。八郎潟の漁撈が当時の久保田（秋田）城下町での消費と関わっていたことについてはすでに高橋美貴による指摘があるが（『近世・近代の水産資源と生業』）、このことは里湖の生態系の形成にも大きな意味を持っていたことを示したい。

寛政六年（一七九四）、久保田城下町の町人高桑屋与四郎によって信州の諏訪湖《すわこ》から八郎潟に新しい漁法がもたらされた。それは冬季の氷下曳網であり、これまでの八郎潟の漁撈の経営形態や流通構造を一変させる画期となった。

水深の浅い八郎潟は冬の間は湖面のすべてが氷で覆われるため、もともと冬季の漁撈は低調であった。しかし氷下曳網は氷に穴を開けてその下で行われる大規模な曳網であり、漁獲効率の飛躍的な上昇をもたらした。その様相は文化七年（一八一〇）の菅江真澄の『氷魚の村君』にも詳しく記載されている（図17）。フナ・ボラなどを漁獲対象とし、冬場では稀少な「八九寸ばかりの鮒を、一網に十駄も二十駄も取る」ほどの漁獲があった。そのため導入後またたく間に沿岸諸村に拡がり、八郎潟の中心的な漁となっていったのである（半田市太郎編『八郎潟』）。その操業形態は、納屋と呼ばれる網主が資本を提供し、「村

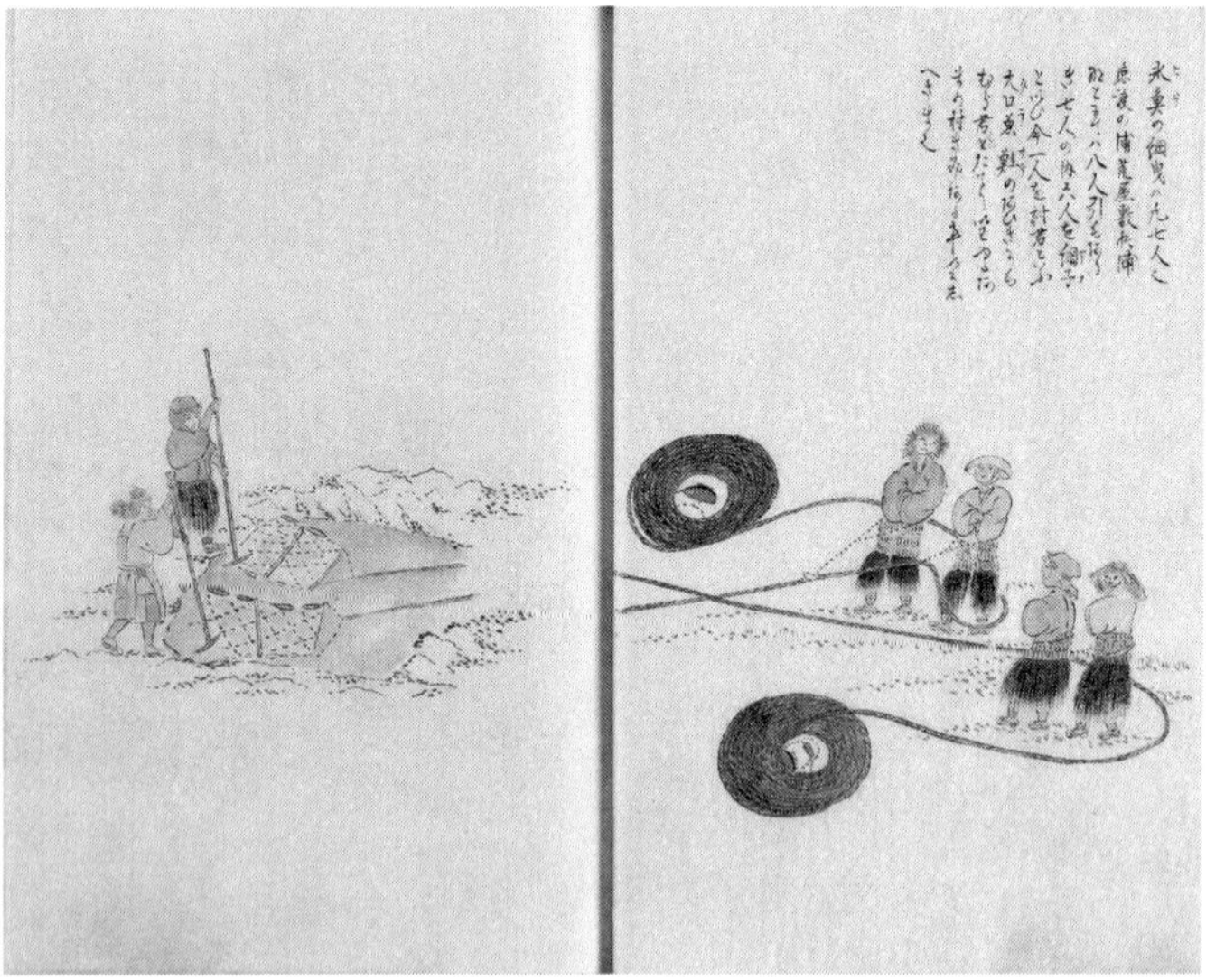

図17　菅江真澄『氷魚の村君』（写本，秋田県立博物館所蔵）にみえる氷下曳網

君」の指揮のもとに七、八人が組となって行われる組織的な漁であった。

重要なことは、この冬季の貴重なフナが、五十集（いさば）の手によって都市部まで出荷されていた事実である。『絹篩』には船越村に多数の五十集がおり、八郎潟の魚類を秋田藩の久保田城下町と土崎湊《つちざきみなと》（前掲図12）へ出荷していたことが記されている。天保七年（一八三六）には久保田と土崎の問屋間で相論が起こり、魚荷の三分の二を久保田へ、残りを土崎へ売ることが決められたという。

そもそも氷下曳網を導入した高桑屋与四郎は久保田城下町の上肴町《かみさかなまち》の商人であり、城下の魚類流通に携わる魚問屋＝納屋であったとみられる。したがって氷下曳網は当初から冬季の城下町への魚類供給を企図して導入されたことが明らかである。この新しい漁の開始によって八郎潟の漁撈はそれまでの零細的な農閑余業の段階から、都市商人の資本投入に基づく商業的な漁業へと変貌を遂げたことになる。

同様の都市への漁獲物の出荷は、八郎潟沿岸のシジミ漁でも認められる。八郎潟は昭和三二年（一九五七）の干拓着工までは、宍道湖・利根川と並ぶ日本のヤマトシジミの三大産地の一つであった。大正五年（一九一六）の水産試験場報告では、売買された分のみの年間漁獲高として三万五千貫（約一三一トン）の記載がある。

近世後期の様相として、すでに『絹篩』には「湖回りに蜆貝の無処なし」とあり、沿岸諸村がこぞって採取し、「湊、久保田へ売出すを業とす」と記されている。これらのシジミは水中の懸濁物を体内に取り込んで八郎潟の水質を浄化する機能を果たしており、その大量の漁獲が栄養塩の系外への除去につながっていたことは、琵琶湖での事例と同様であったと推定される。

しかし、上記のような一九世紀初頭の漁撈の質的転換と漁獲量の増大は、乱獲として資

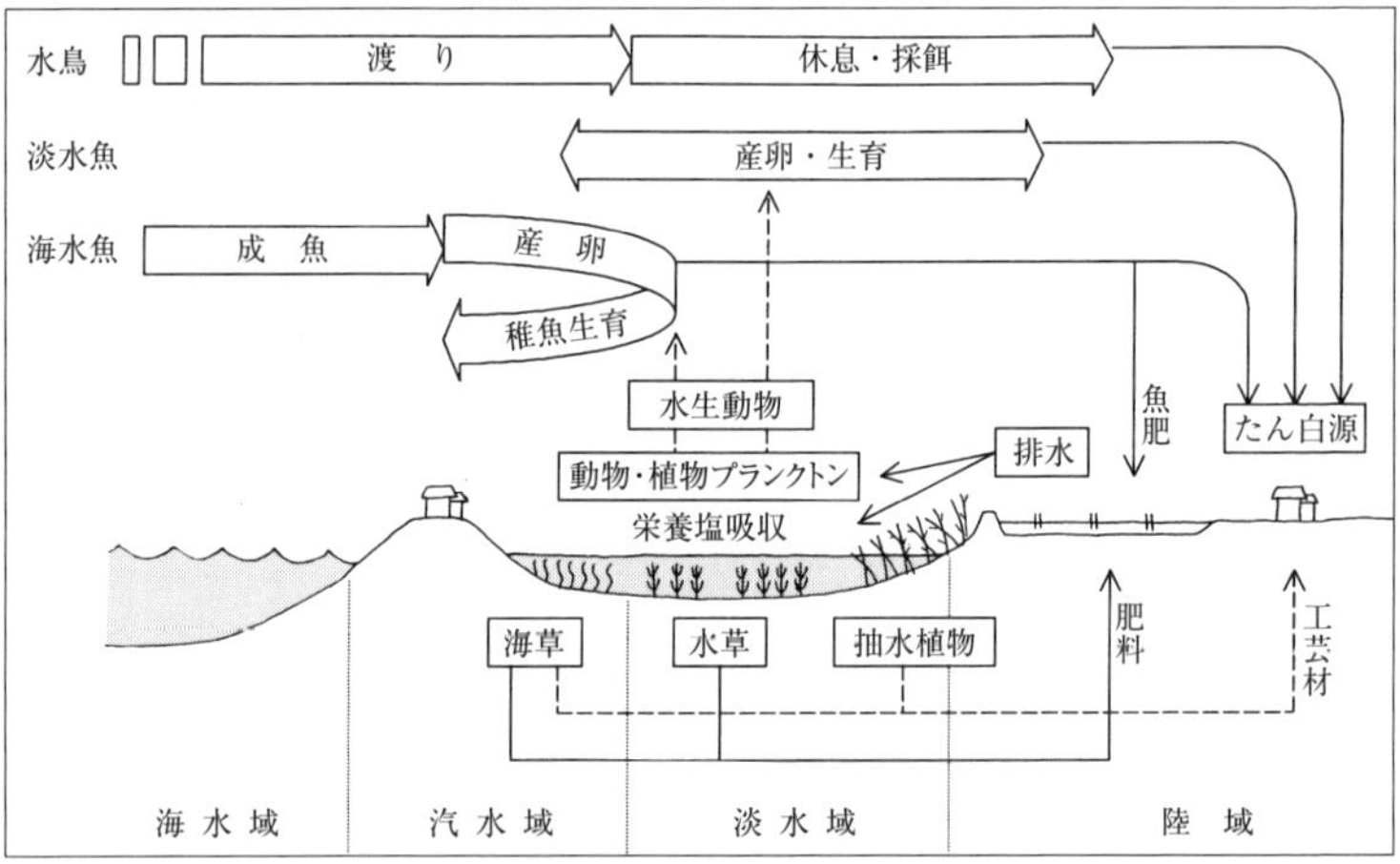

図18　八郎潟における人間活動と生態系

源量の減少にもつながる側面のあったことに留意すべきであろう。八郎潟では一八世紀末からすでに不漁が目立ち始めており、その要因には目の細かい網での稚魚の乱獲が上げられている（高橋美貴『近世・近代の水産資源と生業』）。氷下曳網の導入は、このような不漁による都市への出荷量不足を補うための対策でもあったと考えられる。しかしこの後も不漁は恒常的に続いており、氷下曳網はさらなる水産資源の枯渇につながった可能性も否定できない。

沈殿浄化槽としての潟湖

以上のような八郎潟沿岸での近世後期の多様な資源利用のあり方を模式化すると、図18のようになる。この図は主に八郎潟南西部の砂丘上に立地する天王村・船越村での様相をイメージしたものである。八郎潟には多くの河川が流下していたが、それに加えて周囲の水田からも栄養塩類を含んだ排水が流れ込んでいる。沿岸と湖中の抽水植物・沈水植物がこれらの栄養塩を吸収し、養分にして成長する。これらを刈り取って生活資材に利用することで、栄養塩は陸上へ回収されることになる。

また水田からの排水によって栄養化した湖中では、植物プランクトン・動物プランクトンが大量に発生し、多くの底生動物の餌となる。これらを食餌とする魚類が大量に捕獲され、沿岸村落を越えて秋田の城下町まで流通していたことは、栄養物質の湖外への持ち出しにつながった。湖水中の懸濁物を摂取したヤマトシジミの漁獲も、同様の機能を果たしていたはずである。このように八郎潟にもやはり里湖の生態系が形成されていたが、海域と一部分でつながるこの潟湖というタイプの里湖は、いわば地域の沈殿浄化槽の役割を担っていたことに注目したい。かつて日本海の沿岸にいくつも連なっていた潟湖と、そこに成立していた里湖の生態系は、集水域からの栄養塩類をいったんストックし、海洋への流出前にそれを陸上に回収する機能を果たしていたのである。

八郎潟の場合、この里湖の生態系の確立の画期が、一九世紀初頭に見出されることが重要となる。湖岸の新田・新畑の開発による水草肥料の採取量増大や、氷下曳網の導入による漁獲量の増大は、いずれも久保田城下町をはじめとする地方都市の米と魚の需要に応える動きであった。八郎潟でも里湖の生態系は地域内部で完結するものではなく、都市と結びついて形成されたことがわかる。

八郎潟の沿岸では商品作物の導入はみられなかったが、ただし米単作地域となっていたこの地では、一九世紀初頭には米自体が商品として町場へ出荷され、かつ自給用の麦の生産が拡大していたことが重視される。つまり都市で消費される農産物を増産するために水草施肥が盛んになったという構図自体は、琵琶湖と同様に八郎潟でも認められる。したがって、近世後期の都市の消費需要が藻草採取と湖中からの栄養塩除去を促進させ、里湖の生態系を確立させたというプロセスは、各地の里湖でもみられるものであった可能性がある。そこで次節では、この点についてさらに別の湖での様相を検討してみたい。

浜名湖の藻草と商品作物

潟湖の肥料藻と商品作物

八郎潟沿岸では米以外には商品となる作物がみられなかったが、それとは対照的に同じ潟湖である太平洋岸の浜名湖《はまなこ》では、里湖と商品作物との深いつながりが見出される。そこで本節ではこの浜名湖をフィールドとして、商品作物の導入が里湖の生態系の形成にどのように関わっていたのかを明らかにしたい。

浜名湖の里湖としての実態についてはすでに大村和男による研究があり、中海と同様に近世には主にアマモ類が木綿や麦の肥料として大量に採取されていたことが明らかになっている。本節では、この肥料藻採取以外の近世の人間活動の影響についても分析するとと

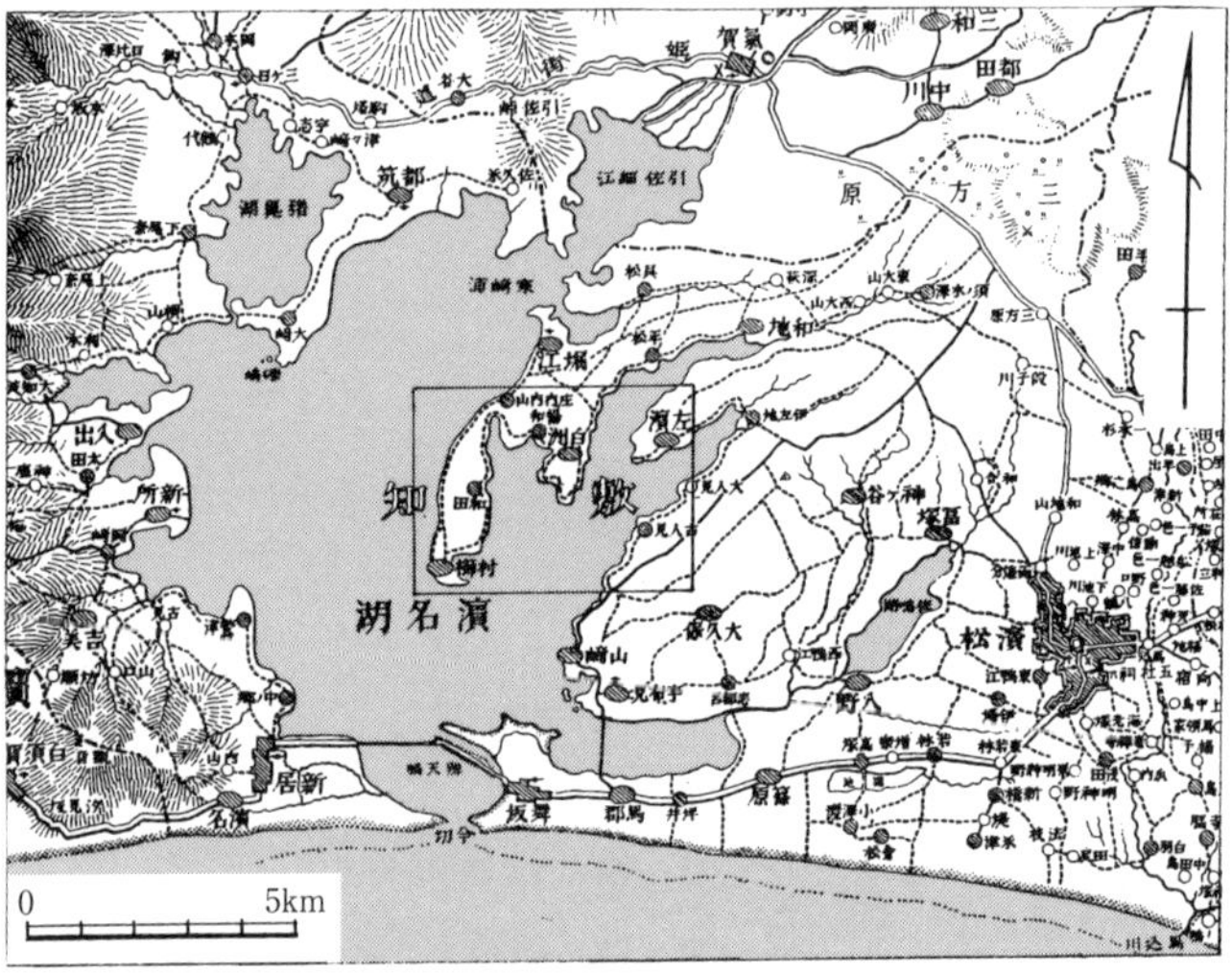

図19-A　浜名湖の湖岸線（明治20年輯製製版20万分の1「豊橋」）
水域部分に網かけを加えた．

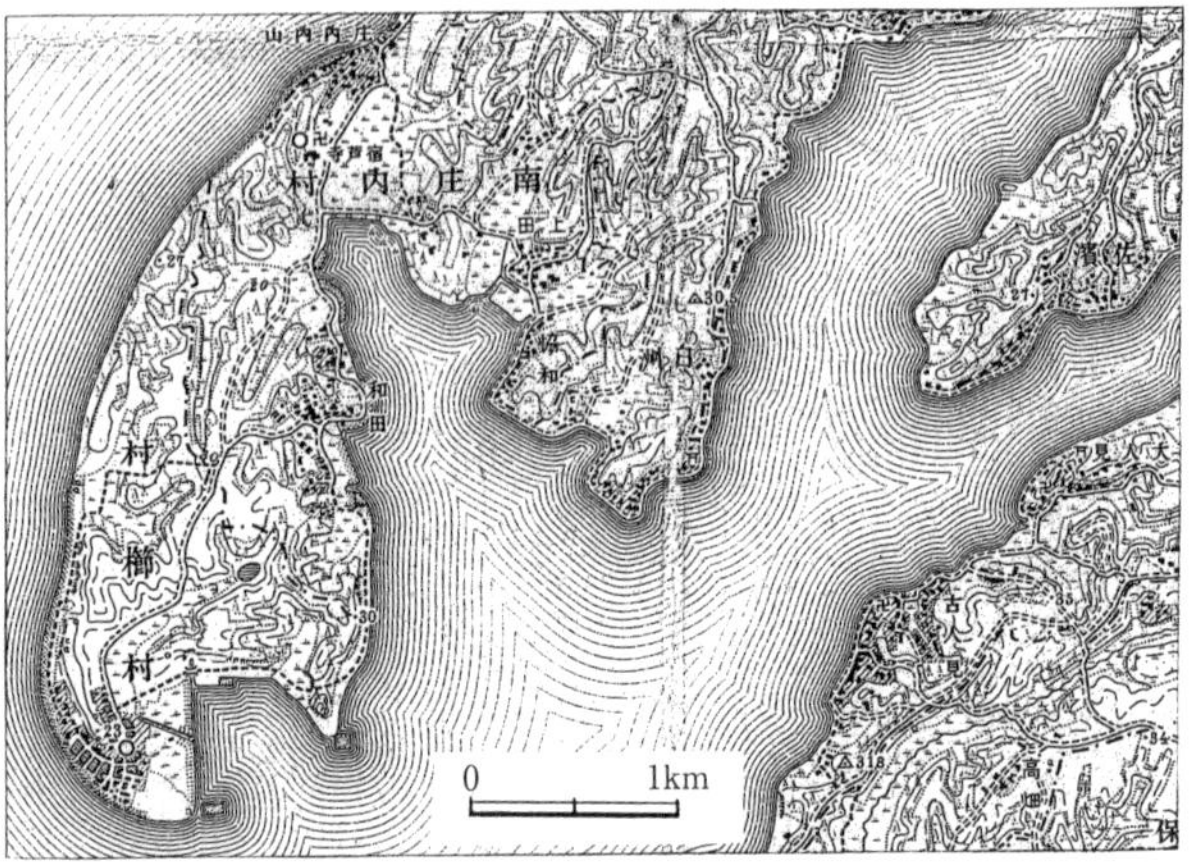

図19-B　村櫛村周辺（明治23年測図5万分の1「濱松町」）

もに、肥料藻が木綿だけでなく別の商品作物とも結びついていた事実を明らかにしたい。

浜名湖は、明応七年（一四九八）の地震によって発生した「今切口」と呼ばれる開口部によって遠州灘とつながっている汽水湖である。平均水深四・八メートル《メートル》のきわめて浅い水域となっている。浜名湖の特徴は引佐細江《いなさほそえ》・猪鼻湖《いのはなこ》・松見が浦・庄内湖の四つの入江など、複雑で長大な湖岸線を持つことであり（図19−A）、そこには多数の河川が流入していた。ただし海域への開口部が広い浜名湖では、八郎潟に比べると湖内の塩分濃度は高く、大部分が汽水域となっており、その沈水植物も大部分は海水性のアマモ類であったことに注意したい。

沈降性の溺れ谷地形を呈している浜名湖の沿岸では、図19−Bに見るように湖岸まで洪《こう》積《せき》層の台地が迫っており、平地は中小の河川沿いと、台地の開析谷沿いにわずかに存在するに過ぎなかった。これらの低地部分に水田が立地しており、台地の上は大部分が畑地として利用されていた。この洪積台地上は地味の薄い赤土であり、耕地開発が遅れていたが、この痩土に藻草を入れることで土壌の改良が重ねられてきたのである。

浜名湖最奥の引佐細江には集水域で最大の河川である都田川《みやこだがわ》が流れ込んでおり、その河口部にはヨシ地が広がっていた。このヨシ地にはすでに一七世紀初めから気賀村《けがむら》の「葭野高」として七石五斗が高付けされ、「葭年貢」も賦課されていたため、古くからヨシの用益がはかられていたことが明らかである（山澄元「旗本領と近世の郷荘」）。さらに浜名湖南部の舞坂宿《まいさかしゆく》や中之郷村《なかのごうむら》にも葭《よし》年貢や葭野運上《うんじよう》が課されており、浜名湖の沿岸ではヨシ地の利用が広くみられたことがうかがえる。

また、引佐細江の周囲を取り巻く「気賀村乃内七ヶ村葭野高」として一五・八石、一・五町余のヨシ地も存在しており、七ヶ村の入会地になっていたとされる。このヨシ地は後に一部が新田へ開発されたが、しかし宝永四年（一七〇七）の大地震の際に高潮の侵入を受けて水田は壊滅し、荒蕪地となってしまった。そこでこの潮入田でも栽培可能な作物として、領主の旗本近藤氏が「琉球藺」（シチトウイ）を移入したことが注目される。シチトウイとは琉球や七島すなわちトカラ列島から伝えられたカヤツリグサ科の抽水植物であり、一七世紀に豊後にて栽培が始まり、堅牢な畳表の原料とされていたものである。近藤氏はこれを杵築藩《きつきはん》の松平氏から譲り受け、安永期に気賀の湖岸に移植したとされる（若林淳之

抽水植物とシチトウイの移入

「旗本領の研究―井伊谷五近藤氏を中心に」）。この引佐細江における畳表の生産は軌道に乗り、二〇年後の天明年間には江戸まで出荷されていたという（『変化抄』）。

浜名湖におけるシチトウイの栽培は、近代には気賀村だけでなく隣接諸村に拡がっており、その栽培面積は大正七年（一九一六）には、引佐郡全体で一四〇町にも及んでいた（『引佐郡誌』）。新居町でも明治四四年には六三九〇貫（約二四トン）のシチトウイと畳表一四万五千枚が産出されている（『新居町誌』）。なお、引佐細江の西に接する猪鼻湖の沿岸では、シチトウイだけでなく「備後藺」と呼ばれたイグサ科のイの栽培も行われていたことにも注目したい。大正七年の栽培面積は九町にすぎないが、このイも地域外から移入されたものであり、三ヶ日の高栖寺《こうせいじ》の玉庵和尚が永正一六年（一五一九）に、生国の備後から移植したのがはじまりという（『引佐郡誌』）。

このように浜名湖沿岸の村々では、ヨシやイグサなどの抽水植物がさかんに利用されており、これらの刈り取りを通じて湖中へ流出した栄養塩が陸上へ回収されていたと推定される。しかしここで重視すべきは、シチトウイやイグサは在来種ではないことである。つまり浜名湖での循環的な資源利用システムの成立には、地域外からの外来植物の移入という明らかな人為性が認められることに注意したい。

漁猟と流通

浜名湖沿岸の村々の暮らしを支えてきたのは、農業と漁撈であった。浜名湖に面した村々は、東岸の二七ヶ村は「東海別」、西岸の二三ヶ村は「西海別」と呼ばれ、双方を合わせて「両海辺」と呼称されていた。

このうち東海別の村々の生業については、寛政一一年（一七九九）の『遠江国風土記伝』に記載がある。浜名湖の藻草を刈って肥料としており、製塩や魚漁、鳥猟を行い、漁獲物は汽水のスズキ・ボラ・コチ・サヨリなどであったことがわかる。さらに南部の遠州灘に面した村落では、地引網《じびきあみ》や鰹《かつお》釣りも盛んであった（『近世浜名湖漁業資料集』）。また『遠江国風土記伝』によれば、肥料藻採取の中心であった村櫛村《むらくしむら》では鳥猟も行われており、「鳥浦」と呼ばれる黐縄《もちなわ》による鴨猟がみられた。これら東海別の村々で捕獲された魚鳥は、魚専売の特権を持っていた浜松城下町の肴町の魚商人へと出荷されていたことにも注意したい（「浜松宿古来書留」、『浜松市史　史料篇第二』）。

一方、浜名湖西岸の西海別では、漁よりも農を主とする村々の中で、入出村《いりでむら》だけが唯一漁業特権を認められた村であった。この特権は、入出村で取れた鯉《こい》と鮒《ふな》を徳川家康の浜松在城時に献上した由緒によるものとされ、浜名湖北半の一五ヶ村の地先において六帖網と呼ばれる地引網で寄鯐《よりすばしり》（ボラの稚魚）を独占的に獲る権利であった（三浦家文書、『湖西

市史　資料編二』）。この入出村を中心とする西海別の村々では、すでに元禄期以来、国境を越えて三河国吉田の魚問屋へ漁獲物を出荷していたことにも注目したい（井村吉秀『近世三河の水産物流通』）。

このような西海別の村々の三河国魚問屋とのつながりは、浜名湖の漁法にも大きな影響を与えたと推定される。新居町では文化一〇年（一八一三）に、入出村では天保元年（一八三〇）に囲目網《かくめ》（角目網）と呼ばれる大型旋網のボラ漁が開始されているが、角目網は吉田付近の三河湾では文化二年（一八〇五）以前から行われていたものである（『三河国宝飯地方出入諍論資料』）。したがって浜名湖の囲目網も、この三河湾から伝播したものである可能性が高い。漁獲効率の良い囲目網は沿岸諸村に広がり、浜名湖を代表する重要漁法となっていくのである。

以上のように浜名湖での漁撈活動は、東岸・西岸ともにそれぞれ浜松・吉田の城下町の消費需要と結びついて発展していたことがわかる。琵琶湖や八郎潟でみられたように、都市の魚商人とのつながりによる漁法の革新が推定される。

また前掲の『遠江国風土記伝』によれば浜名湖では蛤《はまぐり》と蜆《しじみ》も特産であり、今切口に近い砂地の村において漁獲されたことがみえるが、これには琵琶湖の瀬田川《せたがわ》の事例と同様の意味があったと考えられる。すなわち湖の出口付近で二枚貝が水中の懸濁物を濾過《ろか》して水質を浄化し、さらにその漁獲によって栄養物質が系外へ持ち出される効果があったのである。このように浜名湖も他の潟湖と同様に、集水域の沈殿浄化槽として機能していたことを指摘できる。

肥料藻の施肥対象

次に、里湖の生態系の要となる肥料藻採取の生業について考えてみたい。近世以来浜名湖で行われてきた肥料藻採取については、すでに鈴木三郎や大村和男による研究がある。特に大村は詳細な聞き取り調査によって、藻草の種類やその採取方法を明らかにしている（図20）。本節ではさらに文書史料によって近世の状況を明らかにし、近世末期には施肥対象となる作物に大きな変化が起こっていたことを提起したい。

肥料藻採取の最も古い記録は、管見の限りでは慶長一七年（一六一二）の新居村《あらいむら》と村櫛村の「藻草入組取替書一札」である。ここでは「もく取候事如前々入相」とあり、両村入会による藻草の採取が近世以前から行われてきたことがわかる（旧高須家文書、『新居町史第八巻』）。

その施肥対象となった作物については、畑作物が主体であったことが重要である。宝暦

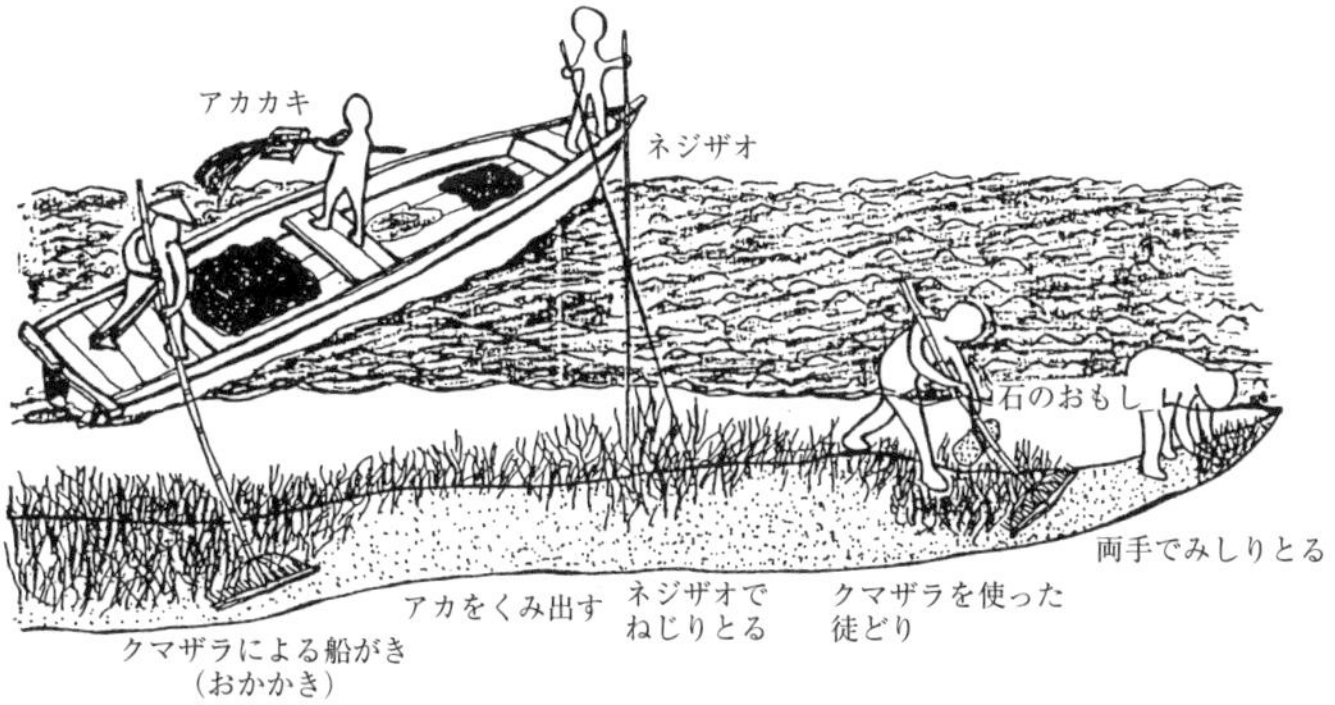

図20　ネジサオとクマザラによる肥料藻の採取（静岡県教育委員会文化課編『浜名湖の漁撈習俗Ⅱ』静岡県文化財保存協会，1985年，149頁より）

一〇年（一七六〇）の「舞坂宿村指出明細書上帳」には、「畑方ニ而《て》麦稗粟秬大根菜大豆木綿作り申候、肥ハ入海ニ而藻草を取、浜猟御座候節ハ干鰯相調申候」「男女耕作之間ニハ入海藻草取」とある（那須田家文書、『舞阪町史 史料編三』）。すなわち畑作の麦と雑穀・大根や大豆に加えて、木綿が上げられ、藻草がその肥料とされている。「遠州木綿」の名で知られる通り、遠江国は天竜川中・下流域を中心とした木綿栽培で有名であったが、浜名湖周辺でも一八世紀半ばまでには木綿が中心的な商品作物となっていたのである。

この遠江国への木綿の導入時期は、『百姓伝記』の「東海道も三河まてハきわたの作やう大かた覚たり。遠州より東の国々の土民きわたの作りやう会てしらす。損毛も多し」の記述から、一七世紀後半以降に下るものとされてきた。しかし三河国と本坂峠でつながる浜名湖北部の三ヶ日では、すでに天文期（一五三二—五四）の大福寺領永地注文に、「一反　木綿一巻　上田」とあり、木綿の生産が始まっていたことが知られている。この後一八世紀前半までには浜名湖南部にも綿作が拡がっており、したがって浜名湖の周囲一帯に広く木綿が普及したのは、一七世紀後半から一八世紀初頭のことと推定されている（『浜松市史二』）。

ここで重要となるのは、浜名湖沿岸の畑地の開発年代に関する大村和男の指摘である。氏は名寄帳の分析から、水田化の可能な低地が一八世紀初頭には開発限界に達しており、それにかわって台地および山地の畑の開墾がこれ以降に進んだこと、さらにこの畑地での有力な商品作物が木綿だったことを指摘している（静岡県教育委員会文化課編『浜名湖の漁撈習俗Ⅰ』）。上記の木綿の浜名湖一帯への普及年代とも合致しており、首肯すべき見解といえよう。

したがって、この台地上での木綿栽培が本格化した一七世紀後半〜一八世紀初頭以降に、従来の麦作に加えて木綿肥料としての需要が起こり、藻草の採取に拍車がかかったと推定されるのである。綿作の伝来が近世日本の経済と社会を大きく変えたことはよく知られているが、木綿の導入はまた里湖という水辺の生態系にとっても大きな画期となる出来事だったのである。

肥料藻と新たな商品作物

嘉永五年（一八五二）に竹村広蔭《たけむらひろかげ》が著した『変化抄』では、浜名湖で取れた藻草として、「菖蒲藻」「にらもく」が上げられている。これらは近代の民俗呼称に照らし合わせると、それぞれアマモとコアマモであったと考えられる。この二種について、『変化抄』には以下のような気になる記述がある。

著者の竹村は浜名湖の東方の入野村《いりのむら》に居住していたが（図21）、湖岸の宇布見村《うぶみむら》から船で売りにくる「菖蒲藻」の値段は、文化四年（一八〇七）ごろまでは一艘につき三〇〇文ほどであったのが、文政七年（一八二四）以降は七〇〇文以上に高騰したという。同じく宇布見村からくる「ニラ藻」の値段も、享和年中には一艘四五〇文であったが、天保期には値上がりし、さらに弘化年中には九〇〇文余に上がったとしている。

このような文政期に始まるアマモ・コアマモの高騰は、この時期にさらなる肥料藻の需要増大が起こったことを示している。この変化は何に起因するものであろうか。そこには全国的な干鰯《ほしか》の高騰に伴う代替肥料の需要に加えて、この時期に普及した新しい商品作物への施肥があったと考えられる。それは甘蔗《かんしゃ》（サトウキビ）である。

サトウキビは近世初頭に中国から琉球経由で南日本に渡来したものである。享保期に徳

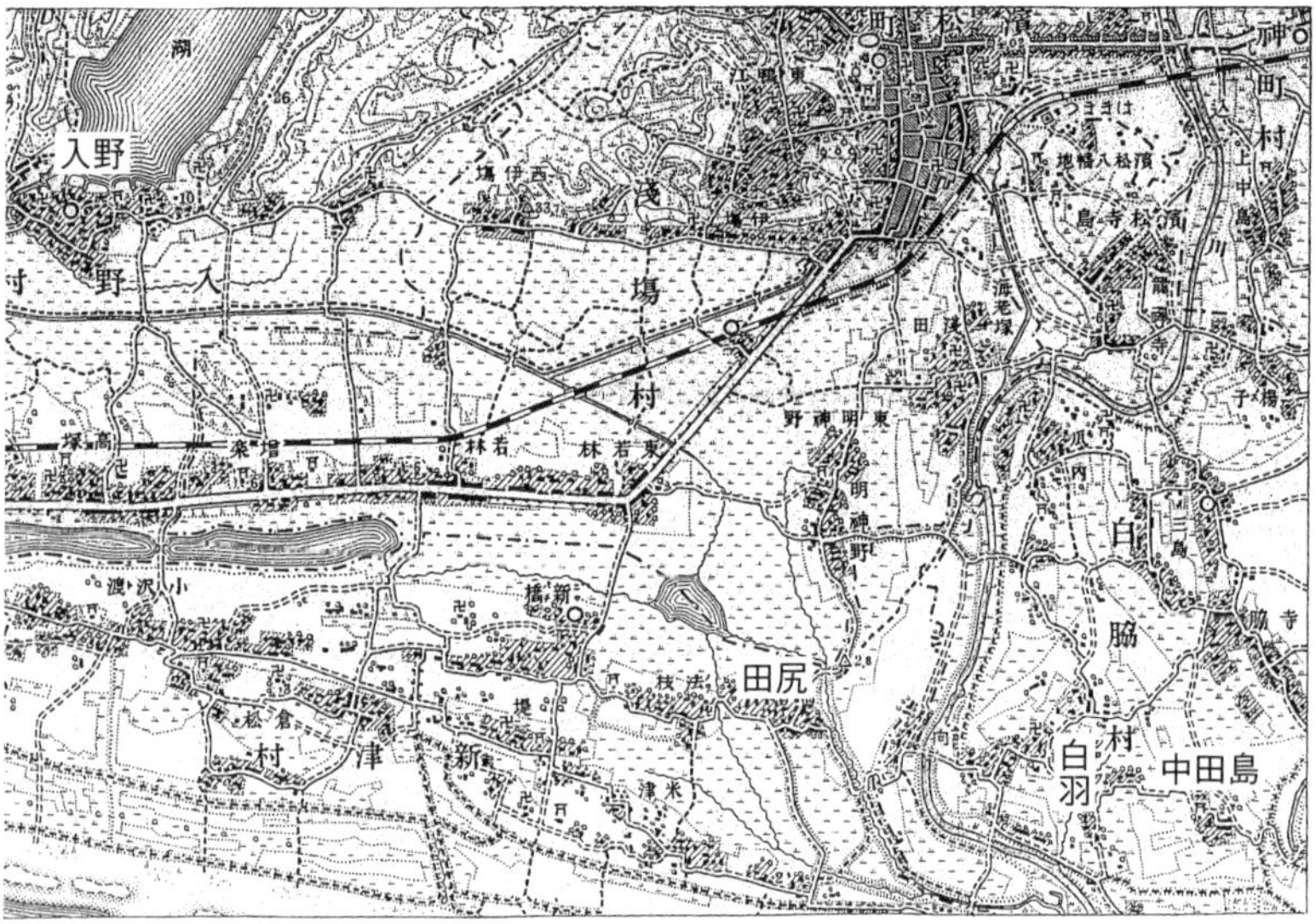

川吉宗が薩摩から取り寄せ、各地への移植を試みたことはよく知られている。当初はなかなか普及しなかったが、やがて讃岐・阿波や和泉が栽培に成功すると、その技術を導入して駿河・遠江でも生産が行われるようになった経緯がある。大蔵永常《おおくらながつね》は、安政六年（一八五九）の『広益国産《こうえきこくさん》考《こう》』で、「文政天保の間、駿遠にて製する所の砂糖ハ大抵江戸へ出し、売払ふに一ヶ年に四・五万両ニモ及ぶべきか」と述べ、文政・天保ごろには遠江での甘蔗栽培が大きく進展していたことを記している。このサトウキビの栽培が浜名湖の沿岸でも

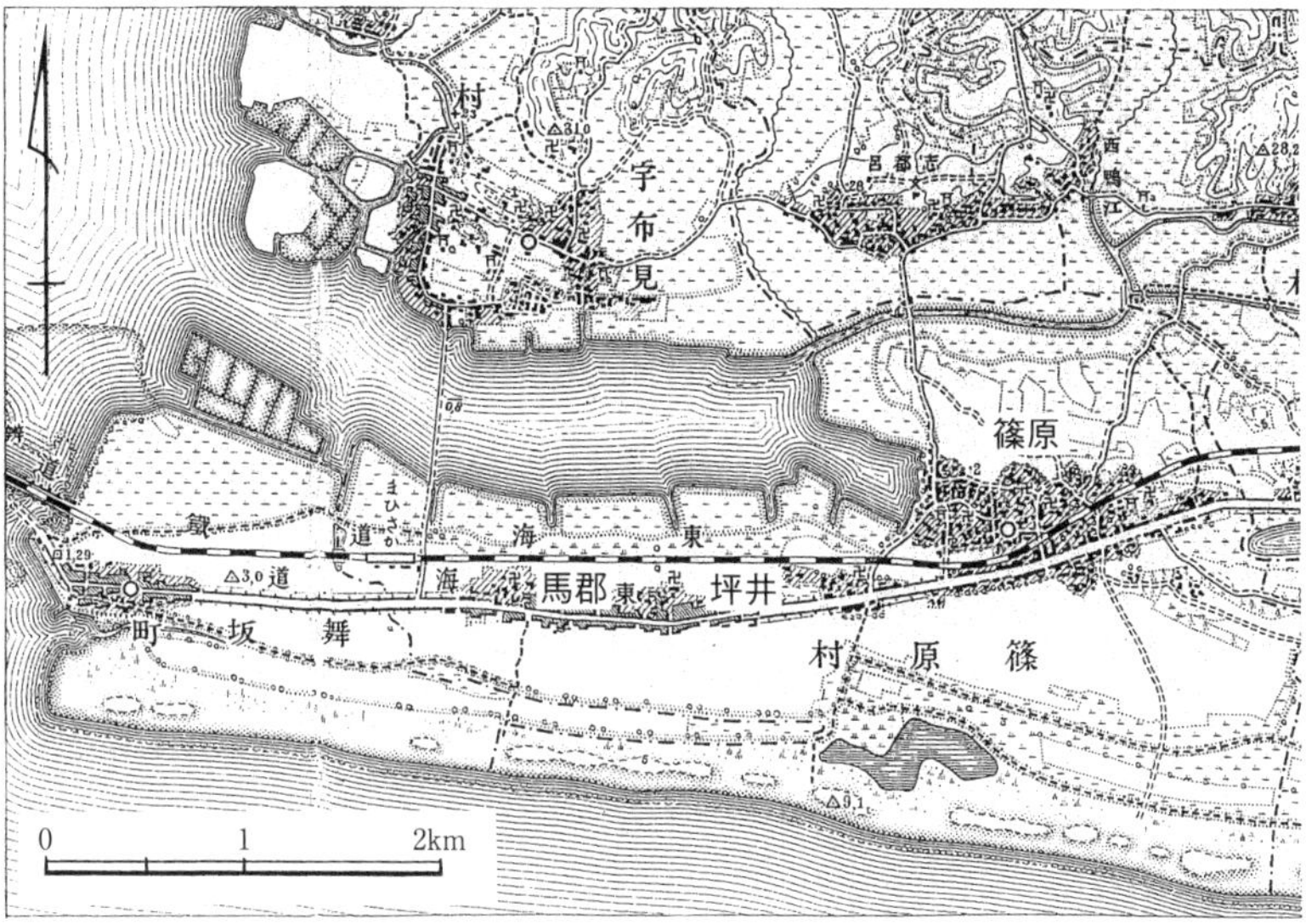

図21　浜名湖南東部の村々（明治23年測図５万分の１「濱松町」）

行われており、その肥料には海草が用いられていたことを以下に確かめてみたい。

アマモのサトウキビへの施肥

サトウキビの遠江への導入は、寛政四年（一七九二）に横須賀《よこすか》藩主西尾《にしお》忠移《ただゆき》が藩士を讃岐に派遣して技術を習得させたことが直接の契機とされる（『郷里雑記』）。あるいは幕命によって寛政年間に甘蔗苗が下賜されたことに始まるともいう（『蕉園捗筆』）。遠江国東部の遠州灘の砂丘畑地で始まったその栽培が、近世末期には浜名湖沿岸まで広がっていた様相は、以下

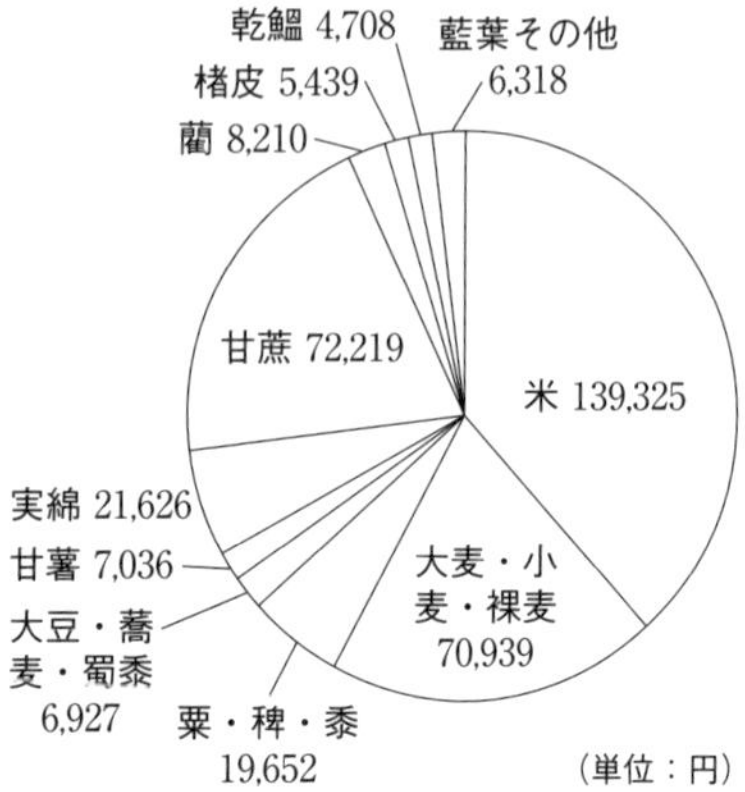

図22　明治10年『全国農産表』による敷知郡の農産額内訳

の史料から確かめることができる。

図22は明治一〇年（一八七七）『全国農産表』に基づいて、浜名湖周辺の村落からなる遠江国敷知郡《ふちぐん》の農業生産額の内訳を示したものである。甘蔗もすでにかなりの生産額を上げており、当地に十分普及していたことがわかる。特に目を引くのは、商品作物では実綿よりも甘蔗の生産高が上回っている点である。木綿の作付が主体であった一八世紀～一九世紀前半の状況と比べると、甘蔗へと大きく転換がはかられており、当地の商品作物としてサトウキビが最も重視されていたことが判明する。

この遠江国敷知郡のサトウキビ栽培については、明治一三年の『綿糖共進会報告第五号』にも記載のあることに注目したい。特筆されるのは、その肥料として「油粕　海藻」が上げられていることである。海藻は本文中では海草と書かれており、アマモ類がサトウキビに施肥されていたことを示している。したがって近世末期のサトウキビの当地への導入が、浜名湖の肥料藻採取を一層促進したことが明らかとなる。

なお『明治十年内国勧業博覧会出品解説』には、この敷知郡の甘蔗のもう一つの肥料として、浜名湖中に産する「細螺（キシャゴ・ヨラメ）」があげられていることも重要である。水底から掻き取って石臼《いしうす》で粉砕し、筵《むしろ》の上で乾かして貯蔵するもので、近来は茶・甘蔗の肥料として各地に輸出しているという。このような貝の利用もまた浜名湖の里湖の生態系の重要な構成要素であったことに留意しておきたい。

遠江のサトウキビ栽培は、明治中期の台湾領有によって安い砂糖が流入したことで打撃を受け、急速に衰退したとされる（愛知県教育会編『郷土研究愛知県地誌』）。そのため、明治後期や大正期の郡誌・村誌類にも甘蔗畑に関する記述はほとんどみられず、その栽培地域についても詳細は明らかではない。しかし本節では断片的な手がかりをもとに、敷知郡のなかでサトウキビが栽培された地域についてさらに考えてみたい。

浜名湖周辺の甘蔗栽培

『明治十年内国勧業博覧会出品目録三』には、全国の砂糖製造者を代表する出品者の名前が列挙されているが、その中に敷知郡に居住する者が複数みられる。その住所は「甘蔗上、敷知郡坪井村」「黒（砂糖）、敷知郡田尻村」「砂糖、敷知郡中田島」「白羽村」である。これらは、浜名湖の南東岸からその東側の遠州灘の砂丘沿いに立地する村々である（前掲図21）。この分布からみて、浜名湖周辺で最初に甘蔗が栽培されたのは、沿海部や砂丘麓の畑地であった可能性が高い。この点は、『綿糖共進会報告第五号』に、「遠江の甘蔗栽培地は海砂の畑となる処」と書かれていることにも一致する。

このうち浜名湖畔の坪井村では、文政六年（一八二三）には「甘蔗製作は勿論、植付等一切不仕段、舞坂・馬郡《うまごおり》・坪井一紙に相認差出申候」とあり、栽培は行われていないと主張している（那須田家文書）。しかし前掲の嘉永五年の『変化抄』では、文政十年より入野村で甘蔗栽培が始まり、それに先立つ文政元年の頃から「前通り村々」（舞坂・坪井・篠原など海岸通の村々）では甘蔗作が始まっていたと記している。したがって当地一帯では、文政年間に急速に甘蔗栽培が広まったことが推定される。この坪井・馬郡・篠原の三村からなる篠原村の明治一〇年の「篠原概略歌」（『浜松市史　新編史料編一』）には、「抑村の産物は　米麦大豆綿砂糖　都て実せぬものはなし　扨其中に綿砂糖　収益いかに細くとも国産一に撰マれし　他に比類なき名品なり」とあり、砂糖がすでに名産品となっていることがわかる。

また野本寛一は、明治期生まれの話者からの聞き取りによって、浜名湖近くの砂丘畑でサトウキビと甘藷が栽培され、その肥料には「アオサとハバモク」が使われていたことを指摘している（静岡県民俗芸能研究会『静岡県・海の民俗誌』）。「ハバモク」とは菖蒲藻と同じくアマモを指しており、やはり海草がサトウキビに施肥されていたことが明らかである。

大正二年（一九一三）の『篠原村誌』では、明治三四年の甘蔗の栽培面積を一八町五反、実綿を五町とし、「木綿の栽培は明治初年において甘蔗の栽培より其作付反別多かりき」とする。さらに「甘蔗の栽培は此頃農家一口平均五畝以上に及びたりと言ふ。最も多く栽培せし家に擱いては、砂糖製造の際、廿日間も連続して蔗液を搾取せしことありしと聞く」としている。やはり幕末から甘蔗の普及が進み、明治初期には木綿の栽培面積との逆転が起こったことが推定される。

以上のように浜名湖では、まず一七世紀後半から一八世紀初頭の木綿の普及によって肥料藻採取が盛んとなり、続いて一九世紀前半の甘蔗の普及に伴って、さらに採取が促進されたことが推定される。この木綿とサトウキビの二段階にわたる導入により、浜名湖からの栄養物質の陸上への回収が進んだことになる。遠州で生産された砂糖の多くは、大蔵永常の述べるように江戸へ出荷されており、やはり浜名湖でも大都市における消費需要が里湖の生態系の確立に関わっていたことに注意したい。

しかしこの里湖における木綿と甘蔗の栽培は、ともに明治中期には海外からの輸入品に押されて衰退し、綿作地は代わりに勃興した生糸生産用の桑畑へと転換されていく。よって近代の聞き取りではサトウキビの存在は抜け落ちており、アマモ類はもっぱら桑と小麦に施肥されるものとして語られることとなる。以上のように里湖の生態系では、藻草の施肥対象となる作物が時代とともに大きく変化していることにも注意する必要がある。

里湖・里海とサトウキビ

大蔵永常は前掲の『広益国産考』において、駿河・遠江の砂糖について、「直段宜しき年ハ田に稲を作りたるより三増倍もありしよし。常に相庭にても稲を作るにハまされりとて作り弘りけれども、本田ハのぞき流水場等の新開に作り出せり」と述べている。つまり、甘蔗の収益は年によっては稲を大きく上回っていたが、本田ではなく水辺の新開地に植え付けられたことに注意したい。

このことは、文化期・天保期に幕府より本田畑での甘蔗栽培の禁令がたびたび出されたこととも関係している。もともとサトウキビは「海辺の土地によろしきものと承り伝わり候」とされており（『川崎市史　産業編』）、伝播先の駿河国などでも「浜方近頃甘蔗を作る」という状況であった（『駿河国新風土記』）。このようにサトウキビは海辺の新開、すなわち新田や新畑で栽培されることが多く、その導入は当時の新田開発との関わりから論じる必要があることに注意したい。

浜名湖沿岸では干拓による新田開発は近世にはまだ低調であり、サトウキビと新田に関してこれ以上の史料を見出すことはできない。しかしこのような天保期の新開地への甘蔗の導入は、じつは各地の沿海域でいく例もみられる現象であり、それは特に従来里海としてあげられてきた地域において顕著であることが重要となる。つまりこれまでの里湖・里海研究では、肥料藻は商品作物としてはもっぱら木綿畑との関係が論じられてきたが、近世末期の肥料藻需要の増大に関しては、木綿以外にもサトウキビなどの移入作物との関わりが問われるべきである。

そこで次章では、里湖から里海に視線を移し、肥料藻採取のさかんであった内海地域を取り上げて、里海の生態系の成立と外来植物との関わりについて考えていきたい。

内海の「里海」と外来植物

「里海」としての三河湾

里海の肥料藻と綿作

柳哲雄によれば、里海とは「人の手が加わることにより、生物生産性と生物多様性が高くなった沿岸海域」であるとされる。しかしこの「人の手の加わり方」については、地域ごとに異なる歴史的経緯が十分解明されてきたとはいいがたい。里海概念の深化のためには、そもそも海辺に人間がどのように手を加えてきたのか、またそのことで海辺の生態系がどのように変化したのか、現地での実態を長期的に検証することが不可欠であろう。そこで本章では、里海を成り立たせてきたとされる肥料藻採取を中心に、近世以来の生業が海辺へ与えた影響と、それを含み込んだ里海の生態系の実態を明らかにしたい。

吉川弘文館

新刊ご案内　2021年5月

〒113-0033・東京都文京区本郷7丁目2番8号　振替 00100-5-244（表示価格は10％税込）
電話 03-3813-9151（代表）　ＦＡＸ 03-3812-3544　http://www.yoshikawa-k.co.jp/

〝恋愛〟で歴史が動く!?　涙誘う純愛から不義密通まで。

恋する日本史

好評2刷

『日本歴史』編集委員会編

Ａ5判・二五六頁／二二〇〇円

天皇・貴族から庶民にいたるまで、昔の人びとはどのような恋をしていたのだろう？ 第一線で活躍する歴史学・国文学などのエキスパートが、日本史のなかの知られざる恋愛エピソードを紹介。あの有名人の恋愛スキャンダル、無名の人物が貫いた純愛、異性間に限らない恋心、道ならぬ恋が生んだ悲劇…。恋愛を通してみると歴史はこんなに面白い！

『内容案内』送呈

史実に基づく正確な伝記シリーズ

人物叢書

日本歴史学会編集　四六判

幣原喜重郎《しではら》

種稲秀司著

三五二頁／二六四〇円

近代日本の外交官・政治家。ワシントン会議全権を務め、外相として幣原外交を展開。敗戦後首相となり、日本国憲法草案を発表した。多彩な史料や新聞雑誌記事、議会議事録を駆使して生涯を辿り、外交理念、信念を考える。（通巻308）

大伴旅人《たびと》

鉄野昌弘著

三〇四頁／二四二〇円

『万葉集』などに数多くの作品を残した歌人・政治家。栄達の過程、大宰府への下向、山上憶良との交友などを、歌とともに辿る。大伴氏の中核で高級官人でありながら、個人の心情を表出した歌の世界を切り開いた生涯。（通巻309）

享徳の乱から**大坂の陣**まで、一六〇年におよぶ激動の戦国社会の全貌！

列島の戦国史

全9巻完結

〈企画編集委員〉池 享・久保健一郎

四六判・平均二七四頁／各二七五〇円『内容案内』送呈

1 享徳の乱と戦国時代〈2刷〉

久保健一郎著

＊十五世紀後半／東日本

十五世紀後半、上杉方と古河公方方が抗争した享徳の乱に始まり、東日本の地域社会は戦国の世へ突入する。室町幕府の東国対策、伊勢宗瑞の伊豆侵入、都市と村落の様相、文人の旅などを描き、戦国時代の開幕を見とおす。

2 応仁・文明の乱と明応の政変

大薮 海著

〈最終回配本〉＊十五世紀後半／中央・西日本

十五世紀後半、二つの争乱を契機に室町幕府は崩壊の道へ―。京都での東西両軍の対立に至る政治過程や、大乱の様子と乱後の情勢を西国にも目を向けて叙述。将軍家を二分した政変を経て、乱世へと向かう時代を通観する。

3 大内氏の興亡と西日本社会

長谷川博史著

＊十六世紀前半／西日本

十六世紀前半、東アジア海域と京都を結ぶ山口を基盤に富を築き、列島に多大な影響を与えた大内氏。大友・尼子氏らとの戦い、毛利氏の台頭などを描き出し、分裂から統合へ向かう西日本を周辺海域の中に位置づける。

4 室町幕府分裂と畿内近国の胎動
天野忠幸著
＊十六世紀前半／中央

十六世紀前半、明応の政変などを経て室町幕府は分裂。分権化が進み、新たな社会秩序の形成へと向かう。三好政権の成立、山城の発展、京都や大阪湾を取り巻く流通などを描き、畿内近国における争乱の歴史的意味を考える。

5 東日本の動乱と戦国大名の発展
丸島和洋著
＊十六世紀前半／東日本

十六世紀前半、東日本では古河公方の内紛と連動した戦乱から、戦国大名の衝突へ変化する。伊達・上杉・北条・武田・今川・織田―大名間「外交」と国衆の動静を軸に、各地の情勢を詳述。戦国大名確立の背景に迫る。

6 毛利領国の拡大と尼子・大友氏
池　享著
＊十六世紀後半／西日本

十六世紀後半、西日本では大内氏を倒し台頭した毛利氏をはじめ、尼子や大友、島津などの地域勢力が熾烈な領土争いを繰り広げた。海外交易の実態、流通・経済の発展など社会状況も概観し、西国大名の覇権争いを描く。

7 東日本の統合と織豊政権
竹井英文著
＊十六世紀後半／東日本

十六世紀後半、関東では武田・上杉・北条らの領土紛争が激化、奥羽では伊達の勢力が急拡大する。戦乱の中で進化する築城技術や経済活動、領国支配の構造などを描き、織豊政権の介入で統合へ向かう東日本の姿を追う。

8 織田政権の登場と戦国社会
平井上総著
＊十六世紀後半／全国

十六世紀後半、織田信長は室町幕府に代わる政権を打ち立て、全国を統合へ向かわせた。将軍義昭の追放、朝廷への対応、大名との衝突と和睦などの政局に加え、都市や流通、宗教など社会の諸相から織田政権の実像に迫る。

9 天下人の誕生と戦国の終焉
光成準治著
＊十七世紀初頭／全国

十七世紀初頭、豊臣氏を滅亡させた徳川氏が権力の頂点に立つ。秀吉の天下一統から大坂の陣、徳川政権確立までの政局をたどり、兵農分離の実像や芸能・美術など、社会と文化にもふれながら「天下人」の時代を見渡す。

われわれは宗教をどう理解し、いかに向き合うか？
新しい人文学のあり方を構想する画期的シリーズ！

日本宗教史 全6巻 完結

〈企画編集委員〉伊藤 聡・上島 享・佐藤文子・吉田一彦

A5判・平均三二〇頁／各四一八〇円 『内容案内』送呈

1 日本宗教史を問い直す 〈2刷〉

吉田一彦・上島 享編

古代から近代までの日本宗教史を、神の祭祀や仏法伝来、宗教活動の展開と宗教統制、政治との関係などを柱に概観する。さらに文化交流史、彫刻史、建築史、文学、民俗学の分野から日本の豊かな宗教史像をとらえ直す。 三四四頁

2 世界のなかの日本宗教 〈最終回配本〉

上島 享・吉田一彦編

日本の宗教史は世界においてどのような特色を持つのか。キリスト教やイスラーム教、儒教を信仰する地域と比較。妻帯、葬送、信仰、時空意識などを考察して、アジア史、そして世界史のなかに日本宗教史を位置づける。 三五八頁

3 宗教の融合と分離・衝突 〈2刷〉

伊藤 聡・吉田一彦編

仏教・神道・キリスト教をはじめ多様な宗教が併存する日本社会。他の信仰に対する寛容さを持つ一方、排他的な志向や事件も繰り返されている。古代から現代まで、さまざまな宗教・思想・信仰の融合と葛藤の軌跡を辿る。 三〇八頁

4 宗教の受容と交流
佐藤文子・上島　享編

古来、中国やインド、西洋からの影響を波状的に受けて育まれてきた日本の宗教文化。仏教・儒教・道教・キリスト教や様々な民間信仰をとりあげ、伝播の衝撃や受容の実態などを明らかにし、その歴史的意義を考える。　三三八頁

5 日本宗教の信仰世界
伊藤　聡・佐藤文子編

自然災害や疫病、大切な人の死に面したとき、人々は日ごろ忘れている宗教的な体験の記憶を呼び覚まして向かい合おうとする。人が生まれてから死を迎えるまで、社会の営みの基底にいきづく多様な〈信仰〉のかたちを描く。　二七二頁

6 日本宗教史研究の軌跡
佐藤文子・吉田一彦編

日本宗教史の諸学説はいつ、どのようにして成立したのであろうか。明治・大正以来の研究の歩みを振り返り、今後の学問の方向を探る。近代国家の展開に共振する学問史を洞察し、新たな日本宗教史研究の地平をめざす。　二九四頁

【本シリーズの特色】

◉宗教史の視座から、現代日本の信仰、文化、社会などのあり方を再考する。

◉古代から現代に至る日本宗教の歴史を通史的に把握しつつ、各巻にその特徴を浮き彫りにするテーマを設定。

◉日本史・外国史・宗教学・文学・美術史・建築史・民俗学等の諸分野の成果を反映しつつ、垣根を越えて総合的に考察し、新たな人文学の方向性を模索する。

◉日本の宗教は世界史のなかにどのように位置づけられるのか。諸外国との交流により形成された宗教文化の実相を明確化し、国際社会と日本の関わりを描く。

◉仏教・神道・キリスト教・儒教・陰陽道など、個別の宗教や宗派研究の枠を出て、それぞれが融合・衝突・併存しつつ日本社会に定着した姿を考察する。

◉日本の思想・学問・芸術そして生活へと影響を与えた宗教文化の内実を論じ、人びとの信仰のかたちと死生観を明らかにする。

◉日本の宗教を私たちがどう自己認識してきたかを検証し、宗教の概念を問い直す。

歴史文化ライブラリー

全冊書下ろし●21年2月～4月発売の6冊

四六判・平均二二〇頁

人類誕生から現代まで／忘れられた歴史の発掘／常識への挑戦／学問の成果を誰にもわかりやすく／ハンディな造本と読みやすい活字／個性あふれる装幀

518 東大寺の考古学 よみがえる天平の大伽藍

鶴見泰寿著

聖武天皇が造営した国家的大寺院・東大寺の創建当初の面影は、今日までどれほど残り、当時はどのような伽藍だったのか。文献・絵画資料の検証と最新の発掘調査の成果を手がかりに、奈良時代の東大寺の実像に迫る。

二四〇頁／一八七〇円

519 家老の忠義 大名細川家存続の秘訣

林　千寿著

戦国の荒波を乗り越え、肥後熊本藩主となった細川家。主君への忠義が絶対ではなかった時代、筆頭家老松井康之と息子興長は細川家存続にいかなる影響を与えたのか。主家と藩政の維持・発展に尽くした家老の姿を描く。

二二四頁／一八七〇円

520 平安貴族の住まい 寝殿造から読み直す日本住宅史

藤田勝也著

平安貴族の住宅としてよく知られる寝殿造。だが、建物は現存せず実像は謎につつまれている。遺構や絵巻、史料から、左右対称と言われてきたこれまでの通説を徹底検証。寝殿造の本質に迫り、日本住宅史に一石を投じる。

二四〇頁／一八七〇円

521
摂関家の中世
藤原道長から豊臣秀吉まで
樋口健太郎著

天皇を支えた摂政・関白。それはいかなる地位でどのような政務に携わったのか。平安後期から秀吉の関白就任まで、摂関職の継承と権力の変転を描く。幾度の危機を乗り越え、その都度新たな価値を創出した摂関家の歴史。

二八八頁／一九八〇円

522
アクセサリーの考古学
倭と古代朝鮮の交渉史
高田貫太著

古墳時代、日本列島では冠・耳飾りなど貴金属のアクセサリーが流行した。朝鮮半島から贈られた品々には、いかなる意図が込められていたのか。発掘されたアクセサリーを紹介しつつ、身に着けた人びとの群像を活写する。

二八八頁／一九八〇円

523
山寺立石寺
霊場の歴史と信仰
山口博之著

慈覚大師円仁の開創と伝わる山寺立石寺《やまでらりっしゃくじ》。その全貌を、絵図や古文書、石造物などのモノ資料から分析。比叡山延暦寺や最上氏との関係にもふれ、信仰の形と背景を解明。霊場を切り口に、地域の中世史の再構築を試みる。

三〇四頁／一九八〇円

【好評既刊】

514 顔の考古学 異形の精神史〈2刷〉
設楽博己著
二五六頁／一九八〇円

515 伊達一族の中世 「独眼龍」以前〈2刷〉
伊藤喜良著
二五六頁／一九八〇円

516 江戸時代の瀬戸内海交通
倉地克直著
二七二頁／一九八〇円

517 神々と人間のエジプト神話 魔法・冒険・復讐の物語
大城道則著
二三八頁／一八七〇円

日本神道史（増補新版）

岡田莊司
小林宣彦 編

古来、神は日本人の精神的より所として存在し、国家成立に大きな位置を占めていた。初版刊行から一〇年、沖ノ島や律令国家祭祀に新知見を加えるなど、記述を見直しよりわかりやすく編集。今も息づく神道の世界へ誘う。

四六判・四二〇頁・原色口絵四頁／三八五〇円

地図で考える中世 交通と社会

榎原雅治著

地形図・絵図・航空写真などから、一三〜一六世紀の陸上交通のあり方を分析。宿町の構造と機能、交通整備に関わる幕府や宗教者の役割を考察して中世日本社会を読み解き、東海道沿道地域の開発と災害の歴史をも見通す。

A5判・四〇〇頁／五二八〇円

読みなおす日本史

毎月１冊ずつ刊行中　四六判

食の文化史

大塚　滋著

二〇〇頁／二四二〇円（解説＝江原絢子）

人類はさまざまな食物を発見・開拓し、豊かな食生活を創造してきた。パンや肉、乳製品の西洋に対し、肉食が禁じられた日本では魚や菜食、うまみと醤油が主流となった。エピソードを交え、食から東西の文化を読み解く。

夢語り・夢解きの中世

酒井紀美著

一九二頁／二四二〇円（補論＝酒井紀美）

中世において、夢は現実であり未来だった。人びとは夢の告げを信頼して行動の指針、生きる目標とした。夢を見ることに努め、夢を語りあった。日記や物語などに登場する夢の話を読み解き、中世の心象風景を描き出す。

後醍醐天皇と建武政権

伊藤喜良著

一九二頁／二四二〇円（補論＝伊藤喜良）

不徳の天皇・聖王・異形の王権—。後醍醐天皇ほど歴史的評価の揺れ動いた人物はいない。その実体はどうであったのか。行動と政策を検討し、目指した公武政権が三年で潰えた原因を、東アジア世界も視野に入れて考える。

摂関政治最盛期の「賢人右府」
藤原実資《さねすけ》が綴った日記を待望の現代語訳化！

『内容案内』送呈

現代語訳 小右記 全16巻

倉本一宏編

四六判・平均二八〇頁／半年に1冊ずつ配本中

⑫ 法成寺《ほうじょうじ》の興隆 【第12回】三三〇〇円

治安三年（一〇二三）正月～治安三年十二月

道長の造営する法成寺が完成に向かう一方で、顛倒した際に頬に腫物を生じさせてしまった実資は、その治療に奔走する。さまざまなルートからいろいろな治療法を聞き出し、加持や夢想によってその効果を探ろうとする。三一〇頁

好評既刊

❶三代の蔵人頭《くろうどのとう》
❷道長政権の成立
❸長徳《ちょうとく》の変
❹敦成《あつひら》親王誕生
❺紫式部との交流
❻三条天皇の信任
❼後一条天皇即位
❽摂政頼通
❾「この世をば」
❿大臣闕員騒動
⓫右大臣就任

❶～❺❾＝各三〇八〇円
❻～❽❿⓫＝各三三〇〇円

鑑真と唐招提寺の研究

眞田尊光著

A5判・二八四頁／一二一〇〇円

日本に戒律を伝えるため、幾多の困難をのり越え唐より渡来した鑑真と弟子たち。彼らが造立した唐招提寺伝存の諸像の意義や目的、弟子たちの活動の様相など、鑑真一行がもたらした授戒と美術の様相に迫る。

中世の禅宗と日元交流

康昊著

A5判・二三四頁／八八〇〇円

十四世紀、国家の新しい体制仏教として位置づけられた禅宗の発展過程を、虎関師錬ら禅僧の活動から追究。五山禅林の思想・教学、仏事法会を通しての公武権力や中国宋元仏教との関わりを、対外関係史からも解明する。

近世村落の領域と身分

関口博巨著

A5判・三九六頁／一二一〇〇円

近世における社会空間や身分はどのように仕切られ、生活の現場でいかに機能し、受け止められていたのだろうか。全国各地の村々や百姓・従属民らを事例に追究。身分社会の越境者にも光を当て、仕切りの透過性を考える。

近世日本の災害と宗教 呪術・終末・慰霊・象徴

朴炳道著

A5判・三四四頁／一三二〇〇円

近世の人々は、地震・飢饉・大火や疫病などの災害にどのように対処してきたのか。呪術・終末・慰霊・象徴をキーワードに、災害における人々の認識と実践を追究。宗教学の視点から「災害文化」として体系的に捉え直す。

古墳時代東国の地域経営

若狭 徹著

後進的とされた東国古墳社会像を、近年の発掘成果や古代石碑の検討から覆し、畿内に連動する社会経営が実践されていた事実を提示。倭王権の一翼を担い、独自の文化構造を成立させた東国豪族の地域経営の実態に迫る。A5判・三六〇頁／四一八〇円

永青文庫叢書 細川家文書 地域行政編

熊本大学永青文庫研究センター編

A5判・四五六頁・原色口絵八頁・原色別刷図版八頁 二七五〇〇円

熊本藩では領国統治のため、重層的な行政組織が設けられた。郡代、惣庄屋、会所役人、村庄屋など、行政関係者それぞれの職掌を明らかにする。徴税、土地管理、窮民救済などの社会の公共的な機能を担った様子を描く。

京坂キリシタン一件と大塩平八郎 史料と考察

宮崎ふみ子編 A5判・三七六頁・口絵八頁／一三二〇〇円

文政十年(一八二七)大坂東町奉行所が摘発した事件は、大塩平八郎らの捜査で「キリシタン集団」の発覚に発展した。被疑者や関係者の供述、判決など多数の史料を翻刻。事件全容の解説と論考、年表・地図等を収載する。

皇室制度史料 儀制 大嘗祭一

宮内庁書陵部編纂(財団法人菊葉文化協会・発行／吉川弘文館・発売)

皇室に関する諸般の制度の歴史的沿革を解明することを企図し、関連する基本的史料を編目別に編修。A5判・三七〇頁／一二六五〇円

考証の世紀 十九世紀日本の国学考証派

大沼宜規著 A5判・三四〇頁／一一〇〇〇円

十九世紀、文献等に基づき歴史的事実の解明に尽くした国学考証派。その登場と学問領域を築き深化させた過程を、考証の方法や実践、集団関係に着目して追究。近代の実証的学問への継承まで論じ、歴史的意義を解明する。

幕末の学問・思想と政治運動 気吹舎の学事と周旋

天野真志著 A5判・二六〇頁／九九〇〇円

幕末、国政に関する勢力間の仲介を目的に志士らが展開した国事周旋。私塾気吹舎《いぶきのや》での学問と政治関与の考察から、活動基盤としての学問・思想、情報・交流を検討。平田国学の政治的意義と議論空間の様相を解き明かす。

世界の中の近代日本と東アジア 対外政策と認識の形成

大日方純夫著 A5判・三五六頁／一一〇〇〇円

近代日本は大陸国家への道をいかに目指したのか。日清・日露戦争を経て台湾・朝鮮を植民地化していく過程を、対外政策と認識を中心に解明。エジプトなどの動向も視野におさめて、日本の近代化を世界史的に位置づける。

鎌倉遺文研究 第47号

鎌倉遺文研究会編集――A5判・一一八頁／二二〇〇円

戦国史研究 第81号

戦国史研究会編集――A5判・五二頁／七五〇円

読者の皆さまからのリクエストをもとに復刊。好評発売中

11出版社共同復刊

書物復権 2021

日本古代女官の研究

伊集院葉子著　A5判・三四二頁／九九〇〇円

令制以前から平安期の女官の実態を追究し、政治的役割に迫る。

平等院鳳凰堂 現世と浄土のあいだ

冨島義幸著　A5判・二二二頁／三三〇〇円

個別に論じられてきた建築・仏像・絵画・庭園などを総合的に捉え直す。

明治の青年とナショナリズム 政教社・日本新聞社の群像

中野目　徹著　A5判・三五二頁／一〇四五〇円

国家や民族のために何をなすべきかを模索した彼らの声に耳を傾ける。

近代家族と子育て

沢山美果子著　A5判・二八八頁／四九五〇円

近代の家族規範のもとで、女・男・子どもはいかに生きてきたのか。

日本史「今日は何の日」事典 367日+360日・西暦換算併記

吉川弘文館編集部編

正確な日付で「その日」の出来事が分かる日めくり事典。出典の明らかな記事を日付ごとに掲載。暦に関するコラムや付録も充実したユニークな歴史カレンダー。〈3刷〉A5判・四〇八頁／三八五〇円

図説 元興寺の歴史と文化財 一三〇〇年の法灯と信仰

元興寺・元興寺文化財研究所編　B5判・二〇八頁／二八六〇円

日本仏教はじまりの寺 元興寺 一三〇〇年の歴史を語る

元興寺・元興寺文化財研究所編　A5判・二四六頁／二四二〇円

検証 奈良の古代仏教遺跡 飛鳥・白鳳寺院の造営と氏族

小笠原好彦著　A5判・二一六頁／二四二〇円

災害と生きる中世 旱魃・洪水・大風・害虫

水野章二著　四六判・二四〇頁／二七五〇円

みちのく歴史講座 古文書が語る東北の江戸時代

荒武賢一朗・野本禎司・藤方博之編　A5判・二六四頁／二四二〇円

強い内閣と近代日本 国策決定の主導権確保へ

関口哲矢著　四六判・二六四頁／二七五〇円

国史大辞典 全15巻（17冊）

国史大辞典編集委員会編

四六倍判・平均一一五〇頁

本文編（第1巻～第14巻）＝各一九八〇〇円
索引編（第15巻上中下）＝各一六五〇〇円

全17冊揃価 三二六七〇〇円

明治時代史大辞典 全4巻

宮地正人・佐藤能丸・櫻井良樹編

四六倍判・平均一〇一〇頁

第1巻～第3巻＝各三〇八〇〇円
第4巻（補遺・付録・索引）＝二二〇〇〇円

全4巻揃価 一一四四〇〇円

アジア・太平洋戦争辞典

吉田　裕・森　武麿・伊香俊哉・高岡裕之編

四六倍判 八五八頁 二九七〇〇円

日本歴史災害事典

北原糸子・松浦律子・木村玲欧編

菊判・八九二頁 一六五〇〇円

歴史考古学大辞典

小野正敏・佐藤　信・舘野和己・田辺征夫編

四六倍判 一三九二頁 三五二〇〇円

事典 日本の年号

小倉慈司著

四六判・四五四頁／二八六〇円

令和新修 歴代天皇・年号事典

米田雄介編

四六判・四六四頁／二〇九〇円

源平合戦事典

福田豊彦・関　幸彦編

菊判・三六二頁／七七〇〇円

戦国人名辞典

戦国人名辞典編集委員会編

菊判・一一八四頁／一九八〇〇円

織田信長家臣人名辞典 第2版

谷口克広著

菊判・五六六頁／八二五〇円

日本古代中世人名辞典

平野邦雄・瀬野精一郎編

四六倍判・一二二二頁／二二〇〇〇円

日本近世人名辞典

竹内　誠・深井雅海編

四六倍判・一三二八頁／二二〇〇〇円

日本近現代人名辞典

臼井勝美・高村直助・鳥海　靖・由井正臣編

四六倍判 一三九二頁 二二〇〇〇円

●近刊

古代の食を再現する みえてきた食事と生活習慣病
三舟隆之・馬場　基編
A5判／三五二〇円

角田文衞の古代学 ❸ヨーロッパ古代史の再構成
公益財団法人古代学協会編
A5判／五五〇〇円

神社の起源と歴史
新谷尚紀著
四六判／二二〇〇円

中世は核家族だったのか 民衆の暮らしと生き方（歴史文化ライブラリー524）
西谷正浩著
四六判／一八七〇円

〈武家の王〉足利氏 戦国大名と足利的秩序（歴史文化ライブラリー525）
谷口雄太著
四六判／一八七〇円

南北朝の宮廷誌 二条良基の仮名日記（読みなおす日本史）
国文学研究資料館編／小川剛生著
四六判／二四二〇円

室町・戦国時代の法の世界
日本史史料研究会監修・松園潤一朗編
四六判／二四二〇円

境界争いと戦国諜報戦（読みなおす日本史）
盛本昌広著
四六判／二四二〇円

徳川忠長 兄家光の苦悩、将軍家の悲劇（歴史文化ライブラリー527）
小池　進著
四六判／一八七〇円

今に息づく江戸時代 首都・官僚・教育
大石　学著
A5判／二四二〇円

女と男の大奥 大奥法度を読み解く（歴史文化ライブラリー528）
福田千鶴著
四六判／一八七〇円

近世後期の世界認識と鎖国
岩﨑奈緒子著
A5判／一〇四五〇円

沖縄戦の子どもたち（歴史文化ライブラリー526）
川満　彰著
四六判／一八七〇円

猫が歩いた近現代 化け猫が家族になるまで
真辺将之著
A5判／二〇九〇円

予約募集

京都の中世史 全7巻
7月刊行開始！
四六判／予価三〇八〇円

【企画編集委員】元木泰雄（代表）・美川　圭・野口　実・山田　徹・早島大祐・尾下成敏・山田邦和

第1回配本 ❹南北朝内乱と京都……山田　徹著

学校教育に戦争孤児たちの歴史を！
戦争の本質を学び平和学習・人権教育にいかす

戦争孤児たちの戦後史 全3巻

浅井春夫・川満　彰・平井美津子
本庄　豊・水野喜代志　編

各二四二〇円　A5判・平均二五四頁／『内容案内』送呈

1 総論編

浅井春夫・川満　彰編

孤児になる経緯・ジェンダーなどの視角を重視し、現代的観点から孤児問題を考える姿勢を提示する。年表も掲載。〈2刷〉

2 西日本編

平井美津子・本庄　豊編

孤児救済に尽力した施設や原爆孤児のための精神養子運動などの取り組み、大阪大空襲や引揚、沖縄戦における実態を詳述する。

3 東日本・満洲編

浅井春夫・水野喜代志編

養育院・上野地下道・残留孤児をキーワードに、児童福祉施設の運営、東京大空襲の被害や引揚の実相などを詳述。今後の課題を展望。

ユネスコの世界文化遺産に登録された
平泉の魅力に迫る！

平泉の文化史 全3巻

菅野成寛監修

各二八六〇円

B5判・本文平均一八八頁
原色口絵八頁／『内容案内』送呈

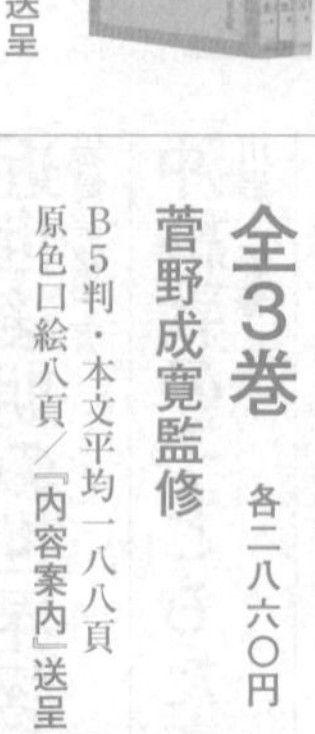

1 平泉を掘る 寺院庭園・柳之御所・平泉遺跡群

及川　司編　柳之御所遺跡、毛越寺と無量光院跡、国見山廃寺跡…。発掘調査成果から、中世平泉の社会を明らかにする。

2 平泉の仏教史 歴史・仏教・建築

菅野成寛編　金銀字一切経などに着目し、平泉前史の国見山廃寺の性格から鎌倉期の中尊寺史まで、仏教文化の実像に迫る。

3 中尊寺の仏教美術 彫刻・絵画・工芸

浅井和春・長岡龍作編　同時代の京都の動向や造像の比較とともに、科学調査の成果から検討。平泉の仏教世界に迫る。

海域での肥料藻採取についてまず留意すべきは、海水の塩分を含む肥料藻は水田には不向きであり、畑地へ施肥されるものだったことである。その上で重要となるのは、施肥対象となった畑作物が木綿・サトウキビなどの外来植物であった点である。これら近世に普及した商品作物が里海の生態系の成立に関わっていた可能性について、本章では内海沿岸をフィールドに具体的に検討してみたい。最初に取り上げたいのは、従来から指摘されてきた木綿栽培と里海との関係である。

表4は岩崎公弥の研究に基づき、明治九年（一八七六）—一一年の『全国農産表』の平均値によって実綿産額の上位一〇位までの郡を示したものである。第二位の伯耆国会見郡《あいみぐん》は、平塚の研究で紹介された中海《なかうみ》の沿岸であり、里湖における肥料藻採取の代表例とされてきた地域である。しかしこの地域での木綿栽培は、日本海と中海を隔てる弓《ゆみ》ケ《が》浜《はま》半島（図23）が中心となっており、後述するように中海からの

表4　『全国農産表』による実綿の産額上位の郡名（明治9～11年の平均値）

順位	郡　　名	産額(円)
1	摂津国西成郡	362,000
2	伯耆国会見郡	238,000
3	三河国碧海郡	189,000
4	安芸国安芸郡	166,000
5	三河国幡豆郡	156,000
6	河内国若江郡	144,000
7	摂津国武庫郡	113,000
8	摂津国住吉郡	108,000
9	摂津国東成郡	93,000
10	備中国浅口郡	82,000

岩崎公弥『近世東海綿作地域の研究』大明堂, 1999年, 36頁より引用.

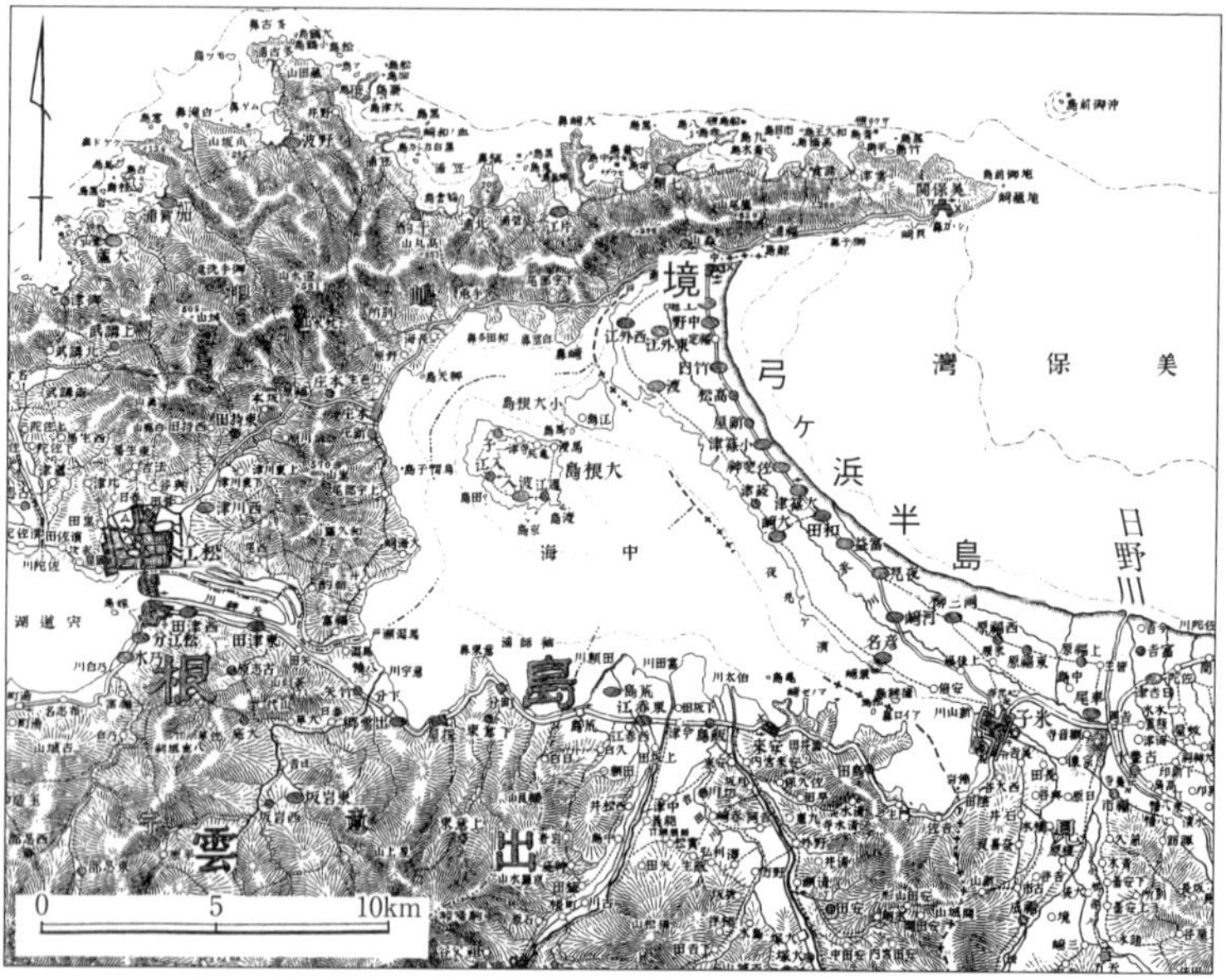

図23　弓ヶ浜半島と中海・日本海（明治21年輯製製版20万分の１「松江」）

肥料藻だけでなく、日本海側で採取された海藻類も大量に施肥されていたことが重要となる。つまり弓ヶ浜半島では、里湖とともに里海からの肥料藻によっても木綿栽培が支えられており、里海もまた綿作と深く関わっていたことが見えてくる。

この伯耆国会見郡における海藻の肥料利用の農学史上の意義については、岡光夫がすでに明確に指摘している。多肥を要する木綿栽培には干鰯《ほしか》が不可欠であり、よって綿作の先進地は、網漁法が発達して干鰯の供給が容易であった摂

表5　明治13年『綿糖共進会報告第四号』にみる海藻（海草）肥料を用いていた綿作地域

県名	郡　名	前期の作物	肥　料　内　容
神奈川	相模国足柄郡	大麦	人糞，厩肥，油粕，海藻
三　重	伊勢国度会郡	麦	海藻，人糞，油粕，鰯
愛　知	尾張国愛知郡	裸麦	鯡粕，人糞，海藻，煤，鰯粕，油粕，真粉
	尾張国知多郡	裸麦	人糞，鯡搾粕，海藻，焼酎粕
	三河国碧海郡	大小麦	鯡粕，人糞，海浜ノ土，藻土※
	三河国幡豆郡	大麦	乾鰯，人糞，海藻
島　根	伯耆国会見郡	大麦，裸麦	乾鰯，油粕，鯡粕，乾藻，馬糞
	伯耆国河村郡	大小麦	油粕，乾鰯，乾藻
	伯耆国八橋郡	麦	乾鰯，油粕，土肥，人糞，海草
	出雲国能義郡	大小麦	鯡搾粕，海藻，人糞，油粕
山　口	長門国厚狭郡	麦	鯡，蛤ノ腐敗シタルモノ，人糞，海藻

※本文中に「藻土マシリ施用」の説明あり．

津・河内・和泉とそれに連なる大和、さらに播磨・備前などの瀬戸内海沿岸に形成された。しかし近世後期の綿価の低下と干鰯高騰によって経営を圧迫された先進地では綿作からの撤退がみられ、代わって後発産地では海藻など干鰯以外の肥料の利用によって収益性を確保し、躍進を遂げたとされている（『日本農業技術史』）。この指摘にあるように、近世の肥料藻の意義として干鰯の代替となりえた点は看過できない。

しかし後発の産地だけでなく、近世前期以来その地位を保っていた木綿産地のなかにも、中海同様に肥料藻に依存していた地域のあったことに注意したい。表5は、明治一三年の『綿糖共進会報告第四号』に掲載された全国の綿作地域の中から、肥料に海藻（海草）を用いていた地域のみを抜き出したものである。このうち伊勢国度会郡《わたらいぐん》は、中世末期以来の伊勢木綿の産地として知られ、また尾張国知多《ちた》郡《ぐん》も、すでに慶長年間には綿作が行われていたとされる地域である。このように近世前期以来の有力産地でも、海藻が木綿の肥料に使われていたことが確認される。

表5によれば、海藻利用の多さで目を引くのは、会見郡を含む島根県と並んで、愛知県の三河湾沿岸である。三河も中世末期から続く木綿産地であるが、特に三河国の碧海郡《へきかいぐん》は前掲の表4でも会見郡に次ぐ全国の実綿生産額の第三位となっており、隣接する幡豆郡《はずぐん》も第五位に入っている。両郡は三河湾の西部に位置するが（図24-A）、三河湾はこれまでの里海研究でもその代表の一つにあげられてきた内海である。そこで本章では、まずこの三河湾沿岸での木綿栽培と肥料藻との関係について考えてみたい。

山地荒廃と三角州の新田開発

三河国への木綿の伝来は中世末期に遡り、永正七年（一五一〇）には三河産の「三川木綿」が奈良へ送られた記録がある（「永正年中記」）。

この西三河の綿作地について分析した岩崎公弥によれば、その立地類型には、①田方綿作（水田での綿作）、②自然堤防地帯の畑方綿作、③洪積台地地帯の畑方綿作、④新田砂畑地帯の綿作、の四タイプがあったとされる。このうち近世初期以来の栽培地であった①〜③に加えて、近世後期に木綿作付け拡大の中心となったのは④の新田砂畑であったことを重視したい。それは矢作川《やはぎがわ》の河口部に造成された干拓新田（実際には新畑）に設けられたものであった。

矢作川上流の三河山地（図24—B）の大部分は風化花崗岩《かこうがん》質であったため、荒廃が進んだ山肌からの土砂流出が激しく、それは下流域に運搬されて河口部に三角州を発達させた。本来の矢作川は南流して三河湾に注いでいたが、慶長期に西方の知多湾に注ぐように付け替えが行われたため（図25）、以後はこの新しい河口部に土砂が運搬されるようになった。近世中期以降この三角州上に次々と造成された新田は、砂質土壌であり用水の確保も難しかったことから、実際には畑地として利用された。この畑地は含塩土壌でもあったため、耐塩性のある綿の単作地帯となっていたのである（岩崎公弥『近世東海綿作地域の研究』）。

このように、上流に風化花崗岩質の山地が存在し、その土砂流出によって形成されたデルタ先端部の新田・新畑で綿作が行われたことは、近世日本の海岸域で共通して認められる動向であった（浮田典良「江戸時代綿作の分布と立地に関する歴史地理学的考察」）。伯耆国会見郡の弓ヶ浜半島も、まさしく上流域は製鉄によって荒廃した花崗岩質の山地であり、日野川によって運搬された土砂からなる砂州である。浮田が指摘するように、近世中期ま

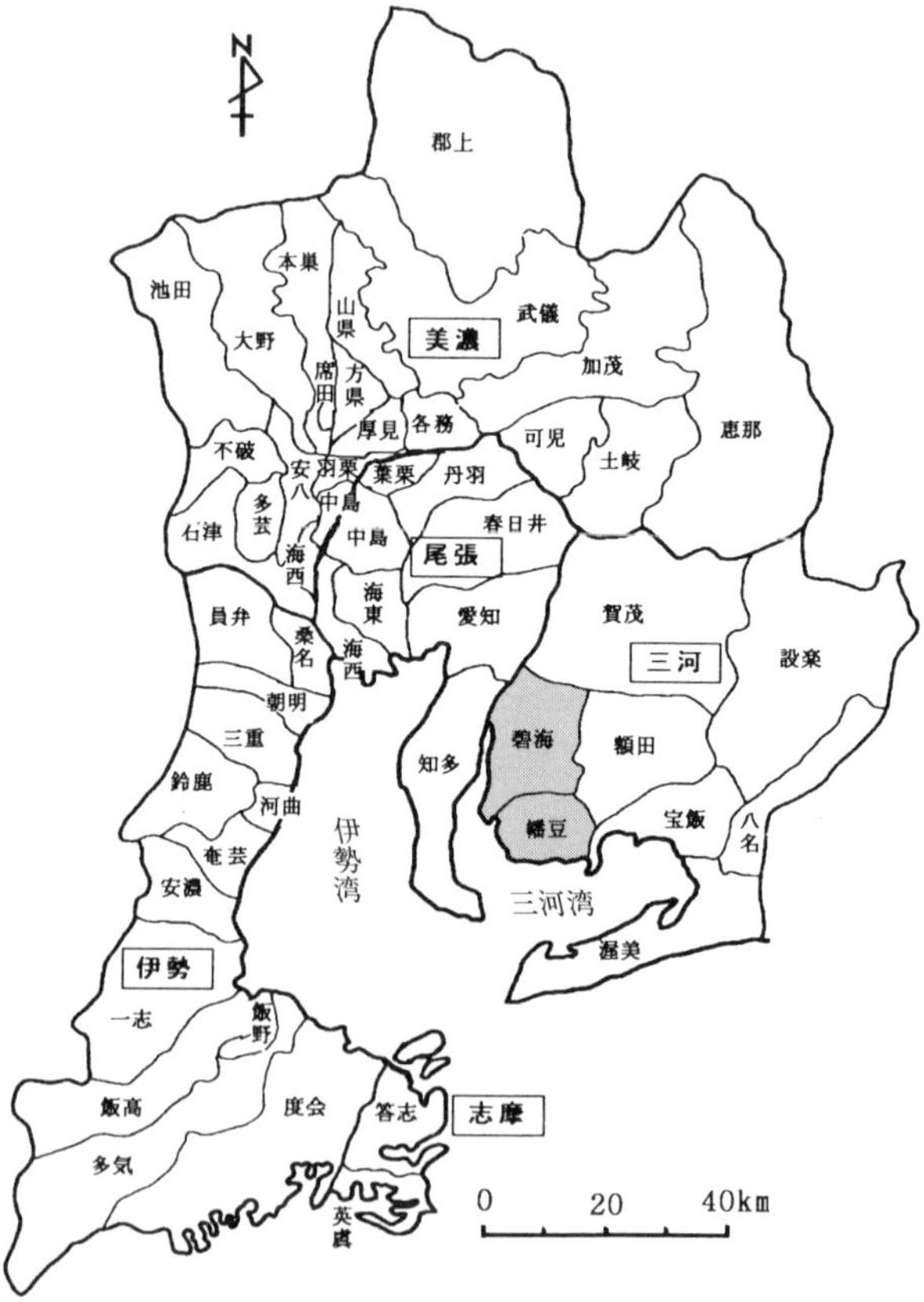

図24-A　三河湾・伊勢湾周辺の旧国名と郡名（岩崎公弥『近世東海綿作地域の研究』大明堂，1999年，43頁より転載（一部加筆））

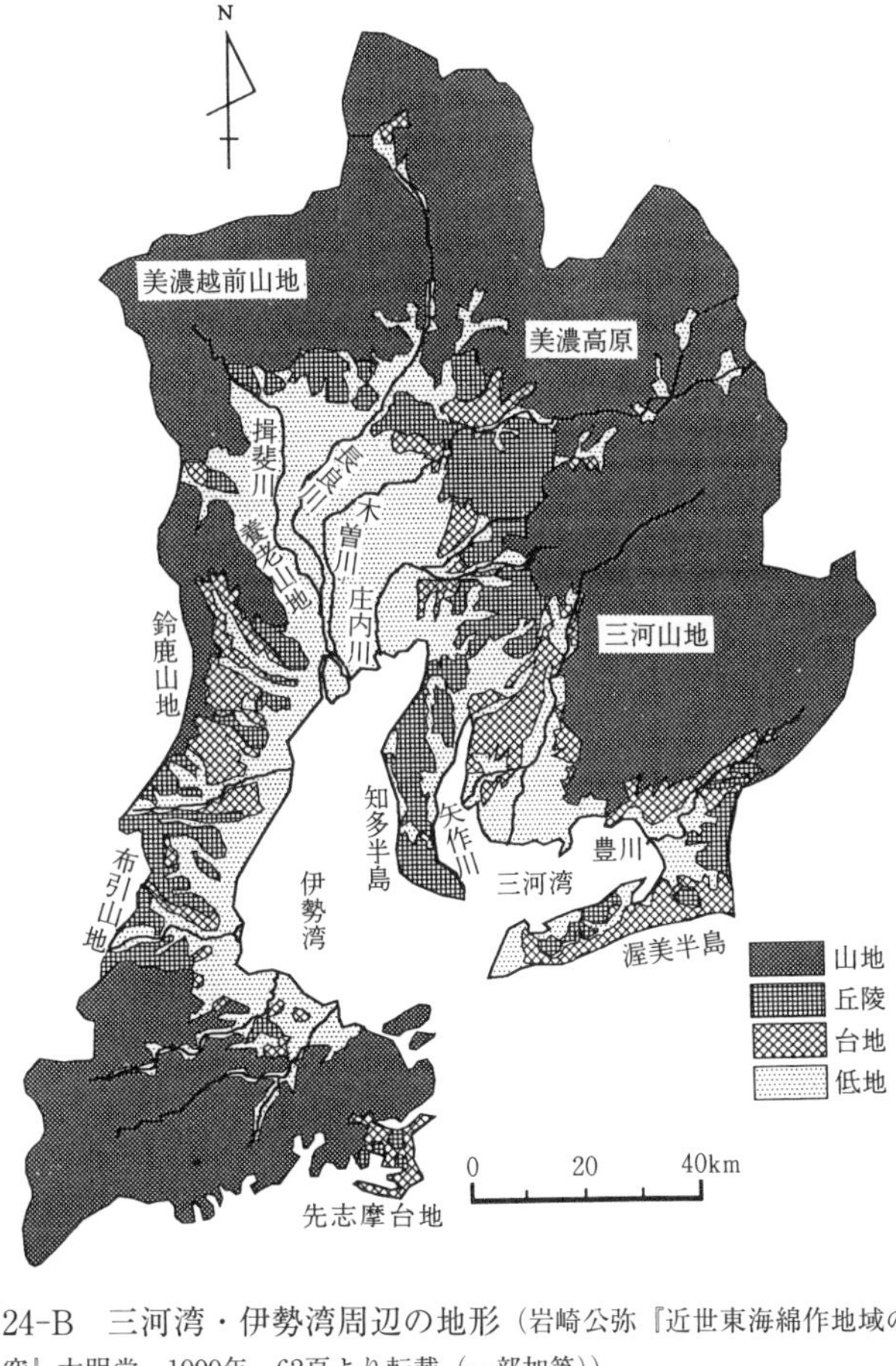

図24-B　三河湾・伊勢湾周辺の地形（岩崎公弥『近世東海綿作地域の研究』大明堂，1999年，62頁より転載（一部加筆））

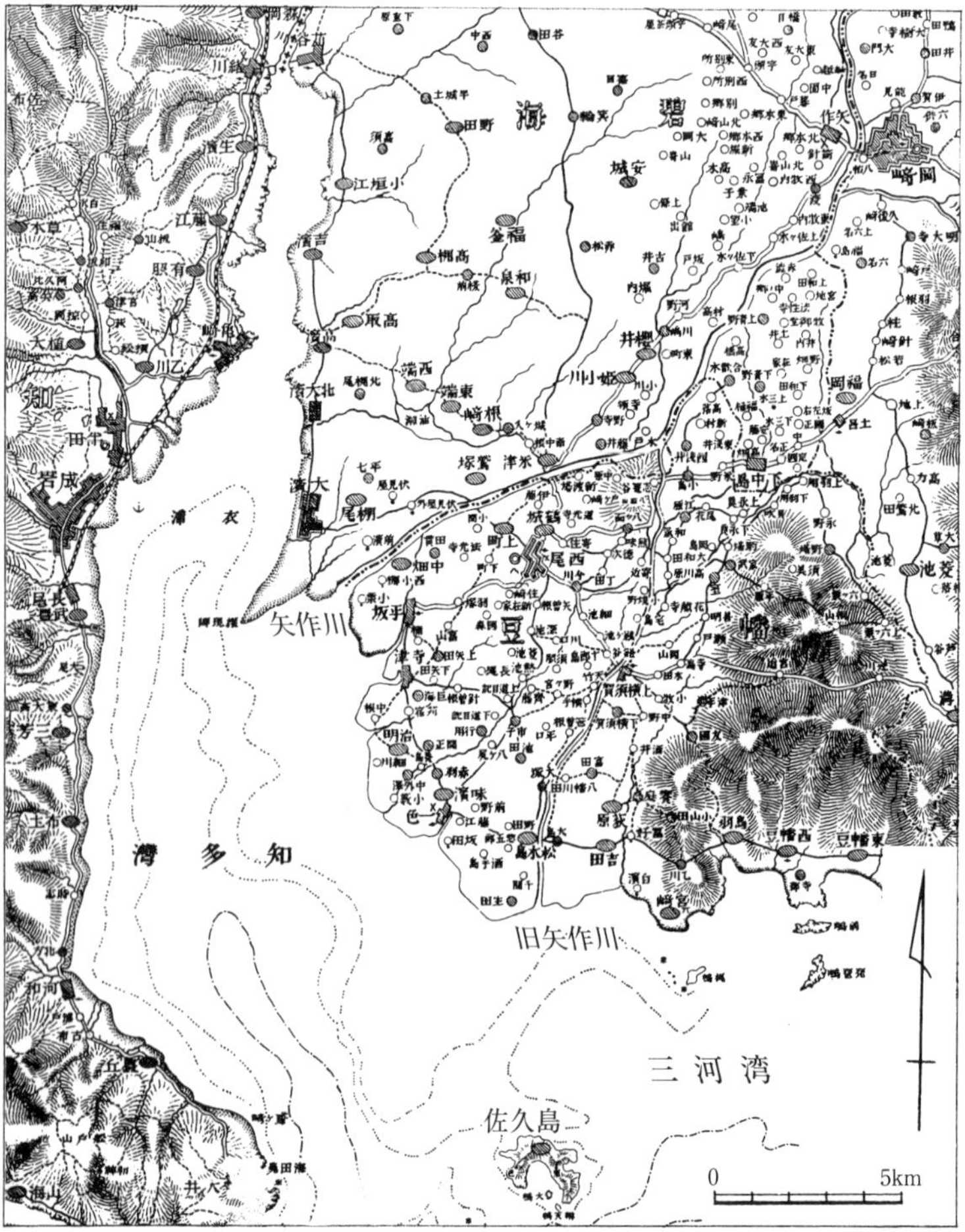

図25　矢作川の旧流路と新河道（輯製20万分の1「名古屋」明治19年製版，「豊橋」明治20年製版）

での畿内など綿作先進地では田方綿作が主流であったのに対して、それ以降に勃興した綿作地は多くがデルタ先端部の砂畑に立地しており、その形成の前提には背後の花崗岩質山地からの砂の供給があったのである。

以上のような先行研究の成果に加えて、本書ではさらに次の点に注目したい。花崗岩山地から流出した土砂は、三角州を発達させるだけでなくその前面の海域にも影響を与えたはずである。それは砂質底の拡大であり、具体的には砂地を好む植物と動物の生息地が拡がったことを意味する。砂地に生える沈水植物の代表がアマモであり、またハマグリ・アサリなどの二枚貝も砂質底に生息するものであった。このように背後山地の荒廃は集水域の森林環境の悪化を示すものではあったが、しかし一方ではアマモの利用を核とする里海の資源利用システムの前提となっていたことにも注意が必要である。

『百姓伝記』のアマモ肥料

近世初期の三河湾西部でのアマモの肥料利用について述べた史料が存在する。最古期の農書として著名な『百姓伝記』である。『百姓伝記』は天和年間（一六八一―八四）の成立とされ、矢作川下流域の農耕について詳しく記述されている。この『百姓伝記』中の肥料に関する項には、アマモとみられる「はばひろく、ながく生へそだつ」海草についての記述がある。「潮のさし引有之入江」に生え、「六月以後七月に実のなる」この海草を、夏の土用のうちに採取し、堆肥化して麦畑の基肥、あるいは里芋畑に施肥したという。

この『百姓伝記』の段階では、木綿の肥料の項には人糞尿・灰・干鰯があげられるのみであり、アマモが木綿畑へ施肥されていたかは不明である。しかし上記のアマモの麦畑への施肥は、木綿の栽培とも深く関わっていたことに注意したい。前掲の表5にみるように、三河では麦は木綿の前作とされており、すなわち木綿と同一の耕地において冬期に栽培された作物だからである。大蔵永常《おおくらながつね》が述べているように、三河国では近世末期に至っても水田の二毛作は普及しておらず（『広益国産考』）、当地の麦は水田裏作ではなく、畑地で冬作として栽培されるものであった。したがって表5が示すとおり、碧海郡・幡豆郡の畑地では、夏作の木綿と冬作の大麦を組み合わせた耕作が行われていたのである。よって秋に麦畑へアマモの堆肥《たいひ》を施すことは、翌年の木綿の土壌づくりにも寄与していたと考えられる。

近世中期以降、デルタ先端の新田・新畑で綿作が行われるようになると、アマモを直接木綿畑へと施肥していた様相も認められる。一九世紀に入ると矢作川の河口部には大規模な新田群が造成されたが、その一つである前浜新田の周囲の村々では、村明細帳によれば「農業の合間に海表に出て藻草をとって田畑の肥にしたり、蛤などをとって漁猟稼をしている」状況であった（『碧南市史　第一巻』）。この新田は木綿単作の新畑地帯であるため、その木綿畑にも藻草が施肥されていたことがうかがえる。

アマモの口明けと村落間の入会

以上のような近世の西三河での肥料藻利用について、村方での実態を示す史料は見出せなかったが、しかし同じ三河湾の東部の宝《ほ》飯《い》郡《ぐん》・渥《あつ》美《み》郡《ぐん》には、近世後期の村々でのアマモ・コアマモ採取に関する詳細な史料が残されている。以下、この三河湾東部での肥料藻採取の実態についてみていこう。中心となる史料は、見城幸雄によって紹介された東《ひがし》植《うえ》田《た》村《むら》石田家文書中の「海面入会争論再審史料」である（『江戸時代海面入会争論再審記録』）。三河湾に面した渥美郡の大崎村と、その東側の台地一帯の東植田村など五ヶ村（図26）との間に起こった天保一四年（一八四三）以来の藻草争いの裁判記録である。大崎村より北に広がる宝飯郡の諸村の状況も記録されており、三河湾沿岸の肥料藻採取について広域的に知ることができる史料といえる。

まず注目されるのは、肥料藻を利用した村落が沿岸部に限られることなく、海岸線から四キロ余り離れた内陸部まで広がっていることである（図26）。大崎村は梅田川の河口近くの海付きの村であったが、この梅田川を遡った村々が「藻の口明《くちあけ》」と呼ばれるアマモ・コ

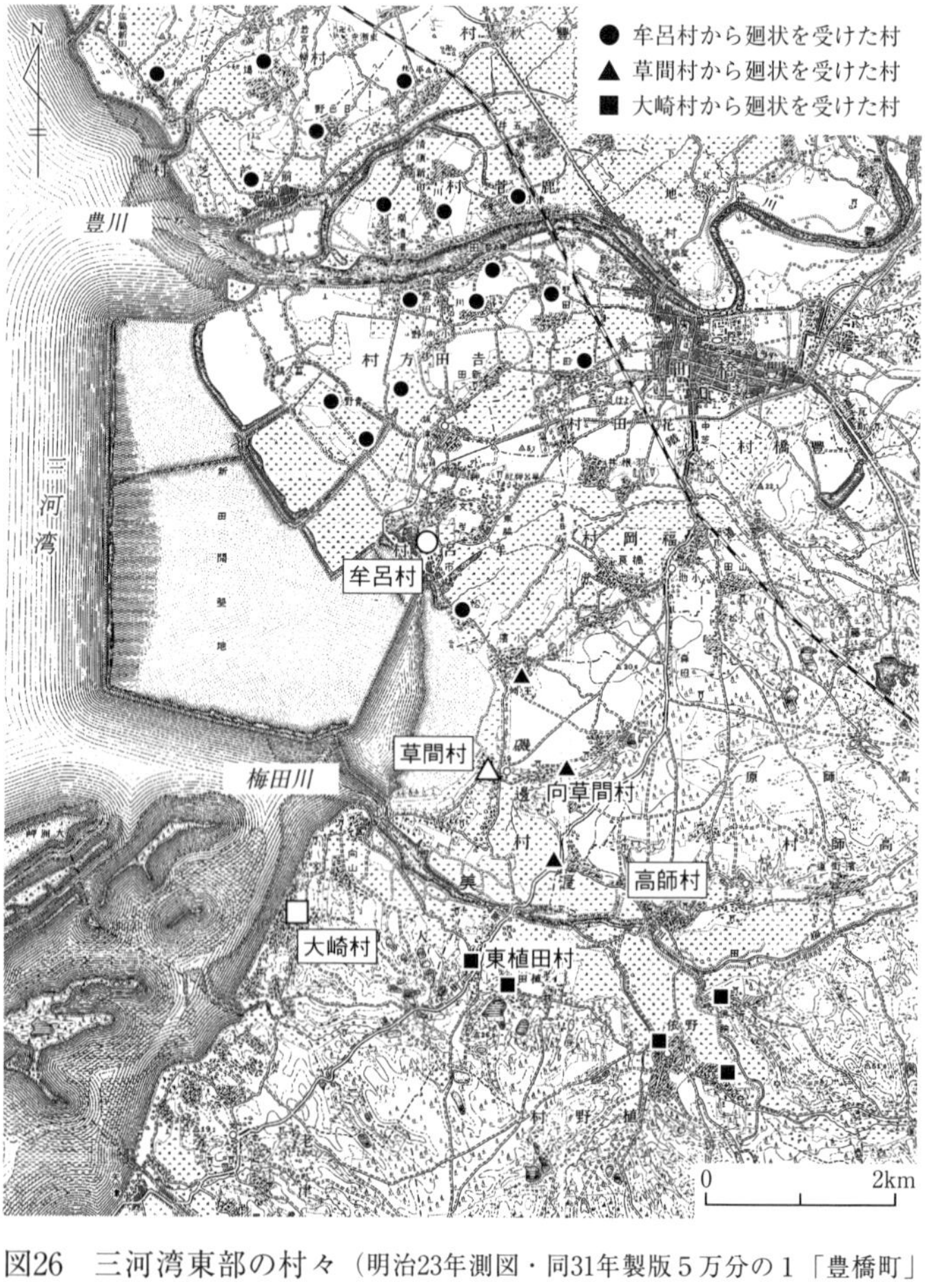

図26　三河湾東部の村々（明治23年測図・同31年製版5万分の1「豊橋町」に加筆）

アマモの解禁日に、船で海岸まで出かけていることがわかる。口明のないうちはみだりに藻草を取ることはできず、また成長して実がなるまでは肥効もないとして、大崎村が様子を見定めて口明日を決め、三日前に五ヶ村に廻状で知らせることになっていた。

このような海付きの村と背後の諸村とのアマモをめぐる入会関係は、三河湾東部では広く認められる。図26にみるように、梅田川河口部北側の草間《くさま》村《むら》から、その東側台地上の向草間村《むこうくさまむら》ほか二村へ廻状を出し、地先海面での肥料藻採取を認めていた。また梅田川と豊川の中間に位置する海付きの牟呂《むろ》村からは、その北側に広がる横須賀村ほか一五ヶ村へ口開け日を廻状で知らせていた。その中には、豊川の河口部に立地した新田村も含まれていたことは注目される。

貝類の肥料利用

この三河湾東部の村々には海方運上《うんじょう》の納入と引き換えに「海面藻草其外」の入会が認められていたが、「其外」の具体的内容とは、「蜊《あさり》・蛤《はまぐり》・よらめ・にら」の採取であった。食用になるアサリとハマグリに対し、「よらめ」と「にら」は肥料用の巻貝であったことに注目したい。前述の浜名湖の「細螺《きしやご》」と同じく、浅い海底の巻貝を掻き取り、持ち帰って石で潰して乾燥させるものであった。長年これを施肥していた東植田村など五ヶ村の田畑には、一面に貝殻が見られたという。な

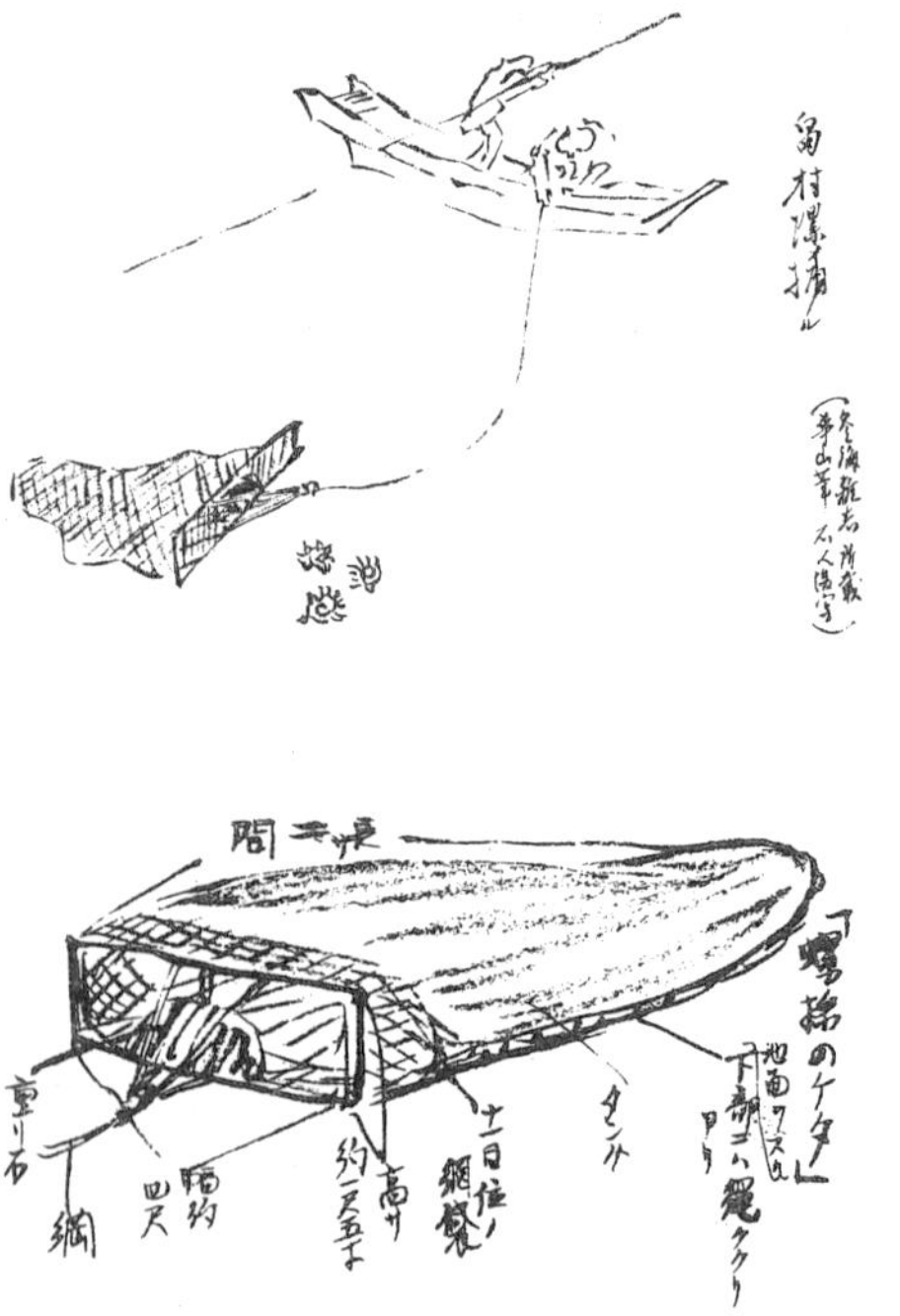

図27　ケタ網による肥料用巻貝獲り（松下石人『三州奥郡漁民風俗誌』渥美町教育委員会，1989年，77頁，78頁より転載）上は渡辺崋山『参海雑志』からの模写，下は戦前当時のもの．

おアマモと同様に、「にら」についても口明があった。それは毎年三月四日と定められており、女子供に至るまで籠を担って水面下の貝を掻き取ったという。

宝飯郡には「蛤運上」を納めていた村々もあり（『三河国宝飯郡村差出明細帳』）、また大崎村では天保期には「串蜊」が名産であった（『三河志』）。アサリなどの貝類については口明はなく、年中自由に取ってよいことになっていた。近代にはアサリにも口明の設けられていたことと比べると、近世段階では資源量が豊富であったことがわかる。

このように三河湾東部ではハマグリ・アサリも大量に漁獲されていたことは重要である。三河湾に注ぐ豊川の上流は風化花崗岩質の山地であったため、そこから運搬された土砂が河口域の前面に広大な砂底質の浅水域を作り出していた。それが砂地を好む貝類の良好な生息地となっていたのである。水中の懸濁物を取り込んだこれら貝類を漁獲することは、肥料藻の採取とともにこの内湾からの栄養物質の回収につながっていたことは明らかであろう。

また「にら」などの巻貝の採取は、徒歩取りだけでなく船から「ケタ網」を曳いて取ることも行われていたが（図27）、この行為には海底に堆積した植物遺体や泥を除去し、砂地を保持する効果があったとみられる点も看過できない。近代の三河湾東部における水産肥料利用について考察した印南敏秀は、巻貝の肥料利用が盛んだったことを三河湾の特徴の一つとしているが（『里海の生活誌』）、この巻貝採取のために海底の堆積物を掻き取る行為には、湾内の底質が泥地へと遷移することに停止をかける意義もあったと推定される。

アマモの採取による栄養物質の除去量

「海面入会争論再審史料」には、アマモ類の採取の時期・方法や採取量についても詳細な記述がある。三河湾で採取対象となっていた藻草には二種類あり、「沖の見よ（澪）通り深き所」に生い茂る「大藻」と、「浅き所」に生い立つ「小藻」があった。これはアマモとコアマモであろうと推定される。それぞれに採取の方法は異なっており、大藻は「口明」の節に長さ一丈余りの竹二本ずつを銘々が持ち出し、船から捻り取っていたという。小藻は家内残らず一同が海中へ入り、手でむしり取ったとされる。

口明の日は一年のうちに複数回あり、大藻と小藻で異なっていた。大藻の口明は四月より六月までの間に二、三度、小藻については盆前より八月までの間に三、四度あった。両者ともに最後の口明以降は「明流」と称し、勝手次第に取ることができた。また「浮藻」と呼ばれる風で切れた藻草の塊が海上を漂流している場合には、自由に取ってよいこととされていた。

この口明の際に採取された肥料藻の具体的な数量も記されている。東植田村など五ヶ村側の主張として、大藻の「一番藻口明」では平均して一人当たり三〇把ほど（一把は廻りが二尺五、六寸ほどある薪一把くらいの束）を採取していたという。「二番藻」の口明では嵩が劣り、一人当たり二〇把の採取量であった。また小藻の場合には「一番藻」の口明では一人三〇把ほど、「二番藻」では一人二〇把ほど採取した。その後の「明流藻」に至っては一人当たり一六把ほどしか取れないが、明流藻は日数の制限がないので合計すればある程度の量になったとする。

五ヶ村側の主張では、この大藻・小藻あわせて年七回ほどの口明日に、五ヶ村の三〇〇軒分の合計量として一〇〇万把を採取したという。この数字はさすがに過大かと思われるが、しかし大藻一番藻の一日だけの採取量を三〇〇人分として計算しても九〇〇〇把に達しており、さらにこれに大崎村の家数二九四軒の採取量を合算すれば、年間何万把ものアマモが採取されていたことは明らかである。

なお、肥料藻に関する最も古い公式統計である明治四〇年（一九〇七）の『愛知県統計書』には、三河湾（碧海郡・幡豆郡・宝飯郡・渥美郡）で採取された「肥料藻」の合計（湿重量）は、四七三万七一二〇貫（一万七七三四トン）と記載されている。この数値には知多半島東岸を含む知多郡の七三九万一九四〇貫（二万七七二〇トン）が入っていないため、これを勘案すれば三河湾全体でのアマモ類の採取量はさらに多くなり、二万トンを軽く超えていたと推定される。

表6　『全国農産表』明治9～11年による三河国の郡別主要農産額比率

郡	米（%）	麦（%）	綿（%）	綿産額（円）	作物組合せ
碧　海	48（64）	18（25）	23〈92〉	188,994	米綿麦
幡　豆	45（68）	15（22）	23〈86〉	155,855	米綿麦
額　田	54（71）	16（21）	20〈81〉	78,579	米綿麦
加　茂	71（79）	12（14）	7〈72〉	29,292	米
宝　飯	47（54）	27（30）	8〈70〉	33,161	米麦
設　楽	46（58）	21（26）	1〈5〉	1,998	米麦
渥　美	50（52）	24（25）	3〈76〉	10,859	米麦
八　名	48（53）	25（28）	3〈33〉	4,749	米麦
全三河	52（63）	19（23）	15〈78〉	503,487	米麦綿

明治9年～11年の3か年の平均.
（　）内は普通農産に占める率,〈　〉内は特有農産に占める率.
岩崎公弥『近世東海綿作地域の研究』大明堂，1999年，105頁より引用.

これを仮にアマモ二万トンとして、そこに含まれるリンと窒素の量を中海でのアマモの成分分析結果（平塚らによる）をもとに概算すると、リンは四・六トン、窒素は二一・九トンとなる。このように少なく見積もっても、肥料藻の採取によって毎年これだけ多量の栄養物質が陸上へ回収されていたことは特筆される。

アマモのサツマイモへの施肥

これらのアマモが、三河湾の東部では木綿以外にも重要な作物に施肥されていた事実を提起しておきたい。

西三河の碧海郡・幡豆郡が全国有数の綿作地であったのに対して、東三河の宝飯郡・渥美郡では、表6にみるように農産額全体に占める綿の割合がかなり少ないことに注意したい。この事実は、東三河で大量に採取されていたアマモが、木綿だけに施肥されるものではなかったことを示唆している。そこで、宝飯郡・渥美郡の農産物全体に目を向けると、注目されるのは甘藷《かんしょ》すなわちサツマイモの産額の大きさである。特に渥美郡では、図28に示したように甘藷（サツマイモ）の産額が実綿を上回っていることを重視したい。このサツマイモは、以下のようにアマモを肥料としていたことが確かめられる。

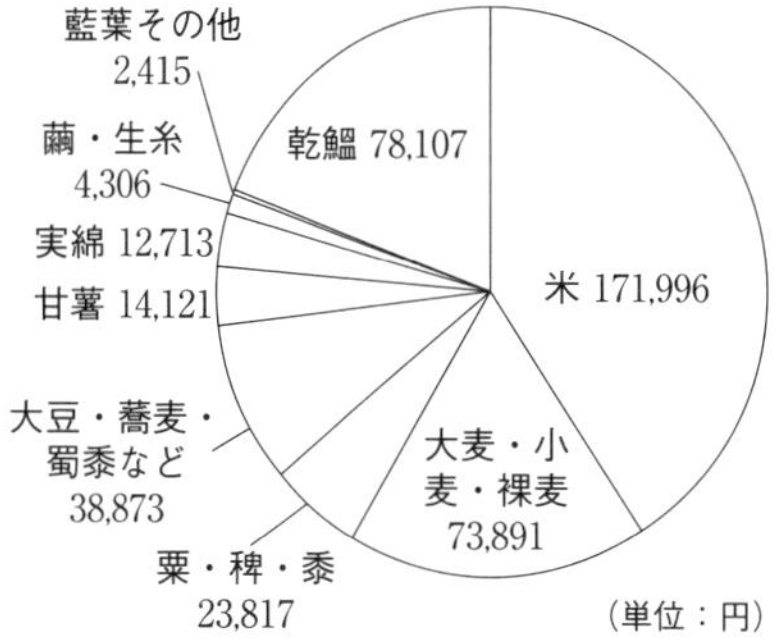

図28　明治10年『全国農産表』による渥美郡の農産額内訳

近世末期の宝飯郡と渥美郡はサツマイモの名産地であり、それは吉田城下町の郊外に産する「吉田藷」の名で知られていた。サツマイモは徳川吉宗の普及政策に見るように、一八世紀半ばに南方から移入された作物であるが、東三河への伝来は遅れ、文政五年（一八二二）に薩摩国から宝飯郡牛久保村《うしくぼむら》に持ち込まれたのが直接のルーツとされる（愛知県立農事試験場編『愛知の蔬菜』）。その後まもなくこの種芋は渥美郡の高師村《たかしむら》へ伝えられ、それまで開拓が進んでいなかった渥美地方の台地や丘陵地へ広がっていったという。この導入時期については、吉田藩の藩校時習館《じしゅうかん》の教授であった中山美石が天保一一年（一八四〇）に、「近き世になって、世にあまねく甘藷というものを作り出して、近年の飢饉にも大いなる助けとなった」と書いており（『梅園文集』）、やはり東三河への導入が文政期ごろであったことが裏付けられる。

渥美郡のサツマイモ栽培の中心地であった高師村は、前掲図26に見るように、大崎村の地先水面でアマモを採取していた村々と至近距離にある。したがって、これら台地上の村々では文政期以降甘藷が広く受容され、重要な作物になっていたことが見えてくる。

この高師村周辺の甘藷畑で用いられた肥料は、海藻（海草）であったことが確認できる。大正七年刊行の『愛知の蔬菜』には、甘藷の「畑地一反当たりに鰊〆粕《いわしめかす》二貫と海藻三〇〇貫を施す」と記されている。この当時、高師村の甘藷の栽培面積は合計三八〇町余であり、上記の施肥基準に基づけば、「海藻」（海草）の必要量はこの村だけで毎年一一四万貫（四二七五トン）に上っていたことになる。このように文政期以降、サツマイモの普及によって台地上の畑地では大量の肥料需要が起こり、アマモの採取に拍車がかかったことが判明する。東植田村など五ヶ村がアマモ採取の入会権を強く主張した背景には、このようなサツマイモの普及があったのである。

サツマイモは夏作物であるため、夏に木綿、冬には麦を作付けしていた西三河に対して、東三河では夏のサツマイモと冬作の麦という自給作物どうしの組み合わせが多かったことが推定される。図28にもみえるように東三河では「乾鰮《ほしか》（干鰯）」が大量に漁獲されていたが、干鰯価格の高騰以降、これは他地域へ出荷される商品となっていた。よって自給作物であるサツマイモには、眼前のアマモが用いられていたと考えられる。本書で述べてきたように、琵琶湖・八郎潟・浜名湖でも藻草は近世には麦畑に施肥されており、肥料藻が本来は自給用の麦と結びついていたことは明らかである。この麦が古代以来の作物であったのに対して、サツマイモは近世中期以降の移入作物である点が重要となる。つまり里海の生態系の確立については、木綿などの商品作物だけでなく、自給用のサツマイモの導入が与えた影響についても検証する必要がある。この点については、後章でさらに追求することとしたい。

新田でのサトウキビ栽培と肥料藻

三河湾沿岸では、文政期ごろのサツマイモの導入に続いて、天保期にはさらに別の作物が導入されたことにも注目したい。それは浜名湖での事例と同じく、サトウキビである。

伊勢湾沿岸では、サトウキビの栽培は尾張藩によってすでに宝暦四年（一七五四）に知多郡大野村で開始されたことが判明している（荒尾美代「尾張藩における宝暦（一七五一―一七六三）の白砂糖生産」）。しかし三河湾側への伝播は一九世紀まで遅れ、天保期に本格化したようである（『愛知県史　資料編一七』）。

三河湾東部の豊川の河口部では新田開発が盛んであったが、一九世紀に入ると吉田藩による富士見新田造成などさらに大規模な新田開発が行われている（前掲図26）。この藩営の新田では経営の不採算性が問題視され、文政末期には民間へ売却されることとなったが（歌川学「藩営新田の破綻―吉田藩富士見新田の場合」）、天保期に至ってその新開の畑にサトウキビが導入されたのである。

富士見新田では、天保六年（一八三五）に讃岐から職人三名を招聘して甘蔗が試作されている。同じ天保六・七年には、その北に接する茅野《かやの》新田でも甘蔗が栽培された記録がある（岡田正三「東海地方・東三河におけるサトウキビ生産に関する研究」）。また天保七年には「三州吉田領吉尾新田」でも、新田および畑に仕立て直された塩浜跡に甘蔗が植え付けられており、栽培を本格化させようとした様相が認められる（冨田家文書、『愛知県史　資料編一七』）。

さらに注目されるのは、大崎村の南に接する田原藩領の村々でも、この時期に甘蔗の栽培が始まっていた事実である。田原藩では天保五年、渡辺崋山《わたなべかざん》の推挙によって大蔵永常が召し抱えられ、藩内での殖産に当たっている。彼の試みの中には野田仁崎村《にさきむら》での甘蔗の栽培があり、『御用人方日記』によれば翌年一一月には藩主へ、「御国産砂糖白壱斤黒五斤」を「御初尾」として献上している（『田原町史　中巻』）。

そもそも天保期には、幕府のたびたびの禁令にみるように甘蔗の本田畑への作付けは禁じられており、流作場や寄洲などが栽培地になったことは前述の通りである。したがって甘蔗は海辺の「塩気有之浜方新田等」に最適の作物として植え付けられていったが（冨田家文書）、浜名湖で見られたようにその肥料に地先のアマモが用いられた場合のあることは重要である。この三河湾沿岸の甘蔗畑にもアマモが施肥されたかどうかについて史料で確認することはできないが、しかし干鰯が中心であった場合にも、多肥を要する甘蔗のために沿岸一帯で肥料需要が高まり、甘蔗畑へ回された分の干鰯の不足をアマモで補おうとする動きが現れたと推定される。

大崎村は採取した藻草を多く販売に廻しており、この時期の肥料藻は、「売買に致候ても金高に相成候義に御座候」ものであったという（「海面入会争論再審史料」）。天保末期に大崎村が訴訟を起こし、五ヶ村側の藻草採取を抑制して自村の藻草を確保しようとした要因には、このような甘蔗導入に伴う肥料藻の価格上昇があったと考えられる。

以上のように、里海での肥料藻採取が加速化していく背景には、木綿だけでなくサツマイモ、さらにサトウキビという移入作物の導入が大きく関わっていたことが明らかである。この「外来種」たる三種の植物は、三河湾以外でも海沿いの未開発地に多く移植された作物であり、他の里海においてもその生態系の成立に関わっていた可能性が出てくる。そこで次節では、この三つの外来植物の導入と里海との関係について、さらに別の海域での様相を検証してみたい。

瀬戸内海の肥料藻利用と環境変化

デルタ河口新畑での綿作と肥料藻

これまでの里海の研究で、三河湾と並んで取り上げられてきたのは瀬戸内海である。この内海の沿岸にはアマモやホンダワラが繁茂しており、魚介類の豊かな漁場となってきた。その一方でこの海草・海藻類は大量に採取されてサツマイモ畑の肥料となったことから、里海の典型例として注目されてきたのである（井上恭介ほか『里海資本論』など）。しかし瀬戸内海沿岸は近世初期から綿作の先進地として知られてきた地域であり、後述するようにアマモ・ホンダワラは木綿畑の肥料としても重視されてきた歴史を持つ。

そもそも木綿とサツマイモは主に近世に導入された「外来種」であり、その移入が地域の生態系をどのように変えたのか、里海の形成を移入作物との関わりから長期的な時間軸において検証する必要がある。本節ではこの瀬戸内海沿岸をフィールドとして、近世前期以来の肥料藻の利用と里海の関係について明らかにしたい。

瀬戸内海沿岸の綿作地の中で、幕末に至っても有力産地としての地位を保持していたのは、前掲の表4によれば第四位の安芸国安芸郡と、第十位の備中国浅口郡《あさくちぐん》であった。すでに浮田典良が指摘するように、これら両地域の背後には風化花崗岩質の山地があり、そこから運搬された土砂が広大な三角州を作り出していた。そのデルタの先端部に開発された新畑地帯が、両郡の木綿生産の中心地となっていたのである（「江戸時代綿作の分布と立地に関する歴史地理学的考察」）。

この海辺の綿作地では、近世前期からアマモを中心とする海草類が重要な肥料になっていたことを確かめたい。まずは備中国浅口郡の高梁川《たかはしがわ》河口デルタに立地し、水島灘《みずしまなだ》に面した乙島村《おとしまむら》を取り上げる（図29）。この村の元禄一六年（一七〇三）の村明細帳によれば、当時の畑作物は稗《ひえ》・大豆・木綿・蕎麦《そば》・麦・菜大根・粟であり、すでに木綿が重要な産物となっていた（守屋家文書、『新修倉敷市史　第九巻』）。当村での「田のこやし」「畑のこやし」にはいずれも「干鰯・藻葉・牛屋肥」が用いられており、「藻葉」すなわち藻草が干

図29　備中国高梁川河口デルタと浅口郡乙島村（明治21年輯製製版20万分の1「丸亀」）

鰯と並んで用いられたことがわかる。この藻葉に関しては、別項に「小船三二艘」を上げ、船役のかからない「田畠こやしに仕候藻取船にて御座候」としていることから、肥料藻が舟を使って大量に採取されていたことも明らかである。

当村には、この一三五年後の天保九年（一八三八）の村明細帳も残されている（守屋家文書）。そこでは田の肥やしとしてあげられた「干鰯・油絞り粕・牛馬之踏肥・つほ肥」に加えて、畑の肥やしには「海土・海草」も併せて上げられており、海辺の畑へのアマモの施肥が続けられてきたことがわかる。なお、この時点でも当村の畑作物には甘藷の名はみられず、アマモは以前と同様に木綿および大豆・麦・雑穀に施肥されていたと推定される。

採藻と採貝による肥料確保

興味深いのは、この天保期の乙島村の農間稼業の項に、「男は農業手透きの節は、当村磯辺並びに連島村《つらじまむら》の内《うち》亀島・児島郡《こじまぐん》磯辺まで海草・藻貝・蛤取りに参り候」とあることである。つまり採藻や採貝には自村地先だけでなく、東の連島村や備前国児島郡の地先まで出向いており、採取行動が広域化している様相が認められる。この村明細帳には元禄期には記載のなかった運上の「銀六拾五匁　海草藻貝蛤冥加銀」が記されており、海草・藻貝・蛤の採取の権利がこのころまでに確立していたことも注目される。

これらの採取物のうち藻貝とあるのは、砂地に生息する二枚貝のサルボウガイの地方名である。幼生期に定着基盤としてアマモなどの海草類を利用するためにこの名がある。サルボウガイは瀬戸内海に広く生息するが、なかでも花崗岩質の砂地の広がる児島郡一帯は著名な産地であった。重要なことは、サルボウガイは食用になるとともに、その貝殻を貝灰にして肥料に用いられたことである。『明治十年内国勧業博覧会出品解説』にも、肥料の項目において児島湾のサルボウガイが紹介されている。

このように海草や貝類を肥料として採取するのは乙島村だけのことではなく、水島灘の沿岸部では広く見られた行為であった。児島郡各村の村明細帳には、呼松村《よびまつむら》や通生村《かようむら》（図29）のように、乙島村の「藻取船」と同様の「肥し舟」を二〇艘あまり備えた村々が見られる（「手鑑」、『新修倉敷市史　第九巻』）。また村の中には、幕末の地先海面の新開に際して、「肥藻葉」が流れ寄らなくなることや採貝への妨げになることを理由として、反対を表明するものも見られた（東野崎塩田開発関係文書、『玉野市史　史料編』）。水島灘沿岸の新畑地帯では、このように採藻と採貝が生活の維持に欠かせなかったが、それらはいずれも背後の花崗岩山地荒廃の影響によって形成された砂底質の浅海の資源だったことに注意したい。

瀬戸内海のアマモについては、地先に生えている藻と、海岸に打ち寄せられた寄り藻には地元村落の所有権が及んだが、大風などで根元から切れて沖合を漂流する流れ藻については誰もが自由に採取できたという（印南敏秀『里海の生活誌』）。アマモの一大繁茂地であった水島灘では、その沖合に塊状となった流れ藻が多く見られたが、この流れ藻を採取していたのは地元の浅口郡や児島郡の村々ではなく、遠方の芸予諸島の因島《いんのしま》・向島《むこうじま》・大三島《おおみしま》などからやってきた舟であったことに注目したい。

アマモと芸予諸島の農民

因島・向島は備後国御調郡《みつぎぐん》、大三島は伊予国越智郡《おちぐん》に属しており、水島灘からはかなり離れた位置にある（図30）。これらの島民が手漕ぎ船によって東は水島灘へ、西は安芸国賀茂郡《かもぐん》辺りまで肥料藻取りに出かけていたことについては、すでに宮本常一や印南敏秀らによる報告がある。賀茂郡三津村《みつむら》には天保期から明治初期までの地先採藻場の入札記録があり、明治初頭にそこで採藻していたのは「大三島・生口島《いくちじま》・鷺島《さぎしま》・因島等之農民」であった（進藤松司『安芸三津漁民手記』）。このように芸予諸島の農民たちの広域にわたる肥料藻採取は、おそらく近世に遡るものと推定される。

これらの島々のうち、生口島・鷺島（佐木島《さぎしま》）の肥料藻採取については、文政期の史料

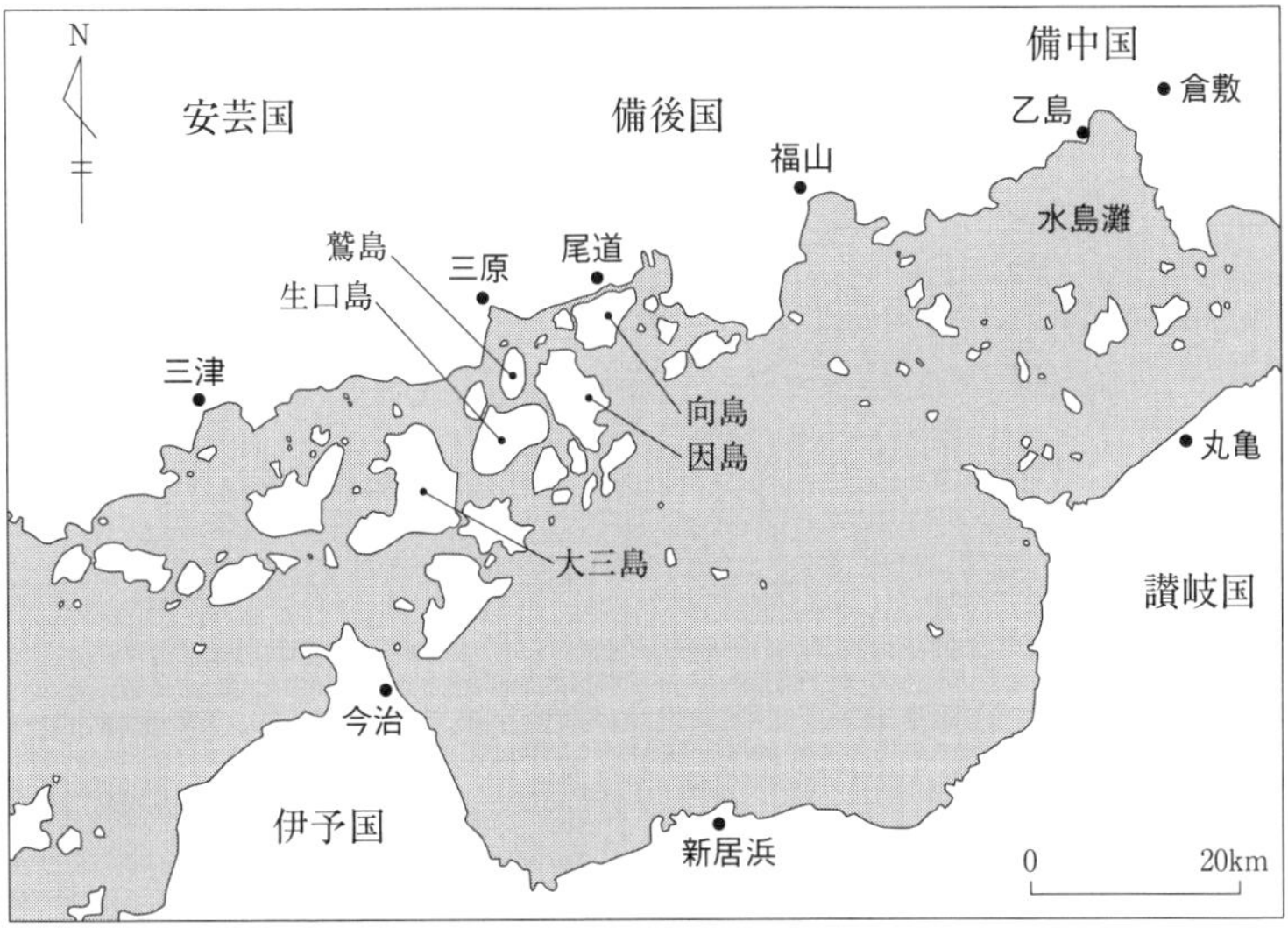

図30　芸予諸島から水島灘までの概略図

がある。鷺島では文政一二年（一八二九）、島南部の向田野浦村《むこうたのうらむら》と、北部に耕地を有していた須波村《すなみむら》との間で、藻刈りの境界をめぐる相論《そうろん》が起こっている（西原家文書、『三原市史　第七巻』）。

また文政二年の生口島の名荷村《みょうがむら》や中野村では、草山の不足により草肥が採取できないため、「肥草の代わりにもっぱら海草を取るけれども、海草も村の沖合には多くはなく、他所より船で積んできたものを買い取っている。しかしとても高値なので多くは使えない」という状況であった（「名荷村国郡志下調帳」、『瀬戸田町史　資料編』）。

これらの島々は山がちで平坦地が少

なく、水も乏しいために水田はわずかであった。畑作についても近世前期には狭小な耕地で自給用の麦を生産するにすぎず、水島灘沿岸の村々のように商品作物の木綿が大規模に栽培されたわけではなかった。それにもかかわらず、文政期には地先だけでは足りないほど大量の海草が必要とされているのはなぜであろうか。近世後期の芸予諸島で、新たに肥料藻を必要とした事情は何だったのだろうか。

それは一八世紀前半にサツマイモが導入されたことによる変化であった。

サツマイモの導入と肥料藻

瀬戸内海へのサツマイモの伝来は享保期よりも早く、正徳元年（一七一一）に下見吉十郎《あさみきちじゅうろう》が薩摩国より密かに持ち帰ったことに始まるとされる。これ以降の瀬戸内の島々では、図31にみるような新たに斜面を切り開いた段々畑で甘藷が栽培されるようになり、その肥料としてアマモの採取が活発化したのである。

広島県が明治二三年（一八九〇）に行った農事調査によれば、因島・向島の属する御調郡では甘藷畠に海草肥料が用いられており、その一反あたりの施肥量は、通常二〇〇貫、最低で一〇〇貫、最大三〇〇貫であったとされる（広島県内務部第二課『農事調査書』）。因島・向島の明治一一年段階の畑地面積はそれぞれ一万三八一九反、九九九八反であるが、後述のように両島ではサツマイモの導入後、その耕地増加率が五倍を超えた村落もみられる（中山富広『近世の経済発展と地方社会』）。そこで仮にこの明治一一年の畑地面積の七割に海藻が施肥されたと想定して反当たり一〇〇貫の最低施肥量で概算すると、およそ一六六万七一九〇貫（六二五二トン）ものアマモが毎年刈り取られた計算になる。

アマモは浜で乾燥させてから畑地へ運ばれるため、この数値は乾燥重量であったとみられ、これを湿重量に直せばおよそ一〇倍の数値となる。この二島でアマモの刈り取りによって一年間に陸上へ回収された栄養物質の量を概算すると、リンが一八トン、窒素が八七トンとなる。芸予諸島のすべての島で甘藷栽培が行われていたことを勘案すれば、アマモの採取による栄養物質の回収量が膨大であったことが理解されよう。このように大量の肥料需要を地先だけでまかなうことは到底不可能であり、遠く水島灘までアマモ刈りに出かけざるをえなかった状況もよく理解できよう。

図31　瀬戸内海倉橋島の段々畑（宮本常一撮影，周防大島文化交流センター所蔵）

すでに宮本常一らが指摘するように、芸予諸島の多くは花崗岩質からなる山がちの島であり、斜面浸食の進む地域でもあった。この斜面に設けられた段々畑へアマモを鋤《す》き込むことは、肥料としてだけでなく、その強靱な繊維を活かして斜面からの土壌流出を防ぐ意味もあった（宮本常一「島の農民」）。島々でのアマモの採取には、山地の斜面保全の意義もあったことに留意しておきたい。

段々畑の形成と腰林の開発

芸予諸島へのサツマイモの導入は一八世紀前半のことであり、したがってこのようなアマモの採取量の増大と、急傾斜の段々畑の形成は、これ以降に現れた新しい動きであったことが重要になる。

段々畑の開発の歴史的経緯については中山富広や佐竹昭の研究に詳しいが、このように自給作物としてサツマイモが新たに普及した島々では、耕地の拡大とともに爆発的な人口増加がみられたことに注目したい。図32・33にみるように近世中期と明治期とを比較して、耕地・人口ともに増加率の高いのは島嶼《とうしょ》部であり、なかでも因島・向島・佐木島や西方の江田島《えたじま》・倉橋島《くらはしじま》ではじつに五倍を超える耕地増加率を示していることがわかる。増加した耕地の大部分は段々畑であり、夏作の甘藷とともに冬には麦が作られる場合も多く見られた。このようにサツマイモの移入は、島嶼部での食料増産および人口増加を実現させたが、

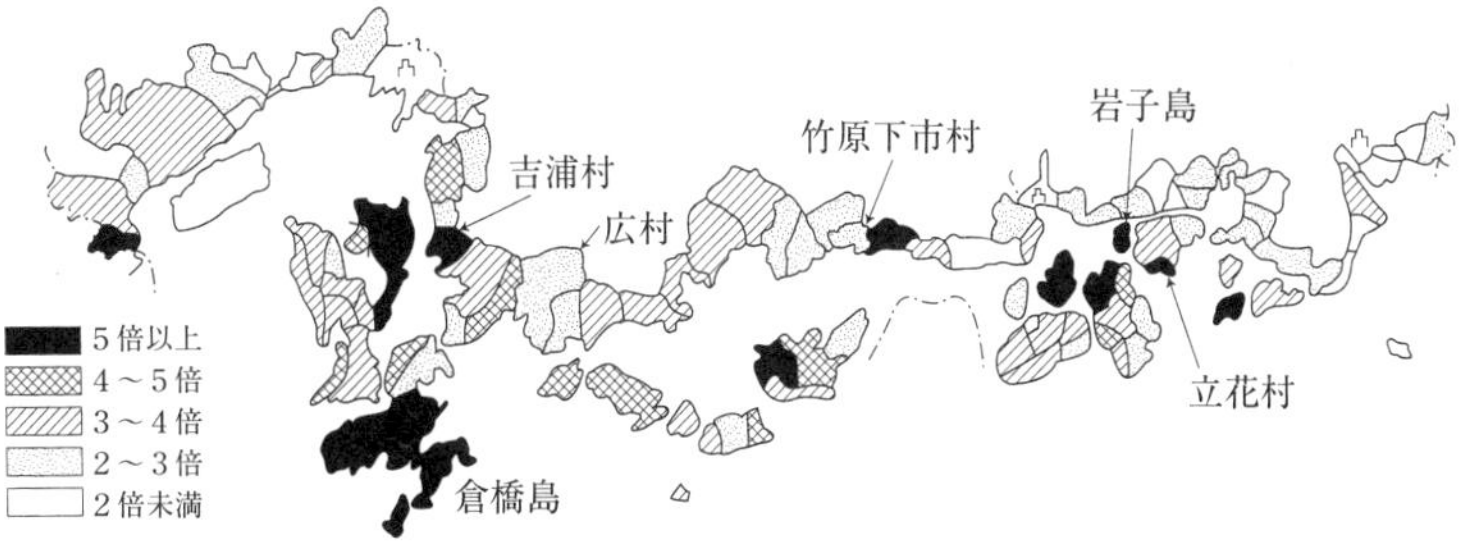

図32　瀬戸内海沿岸部および島嶼部における近世の耕地増加率（中山富広『近世の経済発展と地方社会』清文堂出版，2005年，25頁より転載）

それはアマモをはじめとする肥料藻があったからこそ可能であったことを筆者は重視したい。

また、このサツマイモによって増加した島内の人口は、廻船業や木綿織などに振り向けられたことも重要である。特に島の女性が従事することとなった木綿布の製織は、本土沿岸の新畑で生産された繰《く》り綿《わた》が島へ持ち込まれ、製品化されて九州あるいは大坂へと出荷されるものであった。このように瀬戸内海の島嶼部および沿岸では、肥料藻による商品作物の綿作と自給用のサツマイモ作が深く結びつきながら、村々の生活を支えていたのである。

なお、佐竹が明らかにしたように、芸予諸島で段々畑への開墾の対象となった山林とは、個人の所持地である「腰林《こしばやし》」であったことにも注意しておきたい。村有の林野であった「野山」が主に草肥を取る草山となっていたのに対して、「腰林」は個人の薪炭林として用いられて

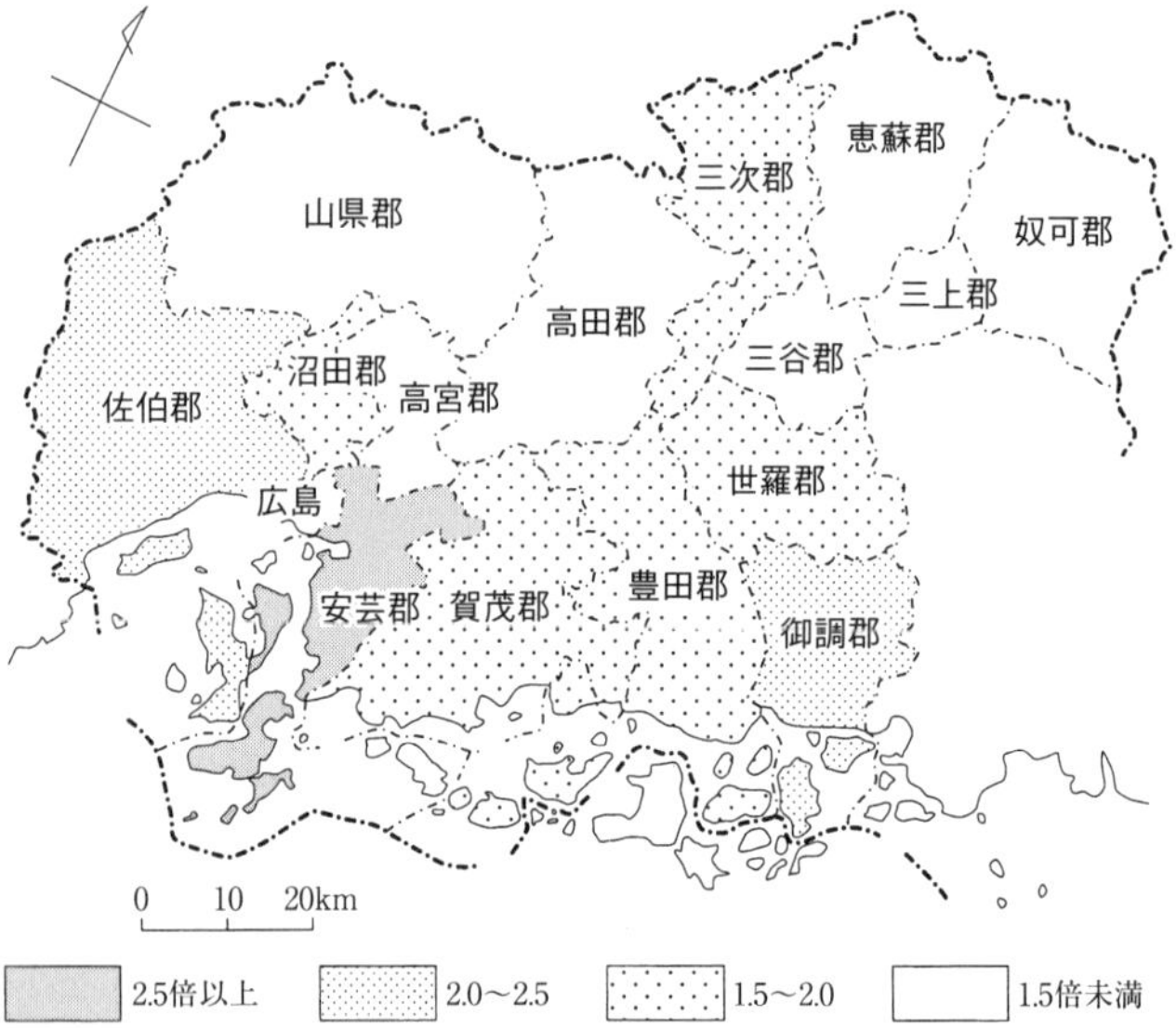

図33　正徳５年〜明治15年の広島藩領郡別人口増加率（佐竹昭『近世瀬戸内の環境史』吉川弘文館，2012年，183頁より転載）

おり、販売用の薪が生産される山林でもあった。芸予諸島は古代から製塩のさかんな地域であり、水運の便のあった沿岸の「腰林」では塩田用の燃料として薪が出荷されていた。しかし一九世紀になると薪の高騰を受けて製塩燃料は石炭へとシフトしたため、塩田での薪の需要が下火となる。そこで個人の所持地であった「腰林」は一部を残して耕地開発の対象となり、その山腹は段々畑へと改変されていったのである（佐竹昭『近世瀬戸内の環境史』）。

前掲図31にみるように、斜面を

覆い尽くし、「耕して天に至る」までとなった瀬戸内の段々畑は、このように近世後期に形成された新しい景観であったことに注意したい。サツマイモの導入は、海域でのアマモの採取を加速させるとともに、陸上でも島々の景観を一変させてしまったのである。

広島湾の島々の肥料事情

このようなサツマイモ導入と段々畑の形成、さらにアマモの採取量の増大は、瀬戸内海の多くの島々でみられたプロセスだったと考えられる。しかしアマモが足りない島々では、さらに別の有機肥料を利用することも行われた。それは対岸の町場から出る「ごみ」、すなわち塵芥《じんかい》である。宮本常一や河岡武春が詳述しているように、広島湾に浮かぶ能美島《のうみじま》・江田島（図34）では、対岸の広島の浜辺に打ち上げられた「ごみ」や、広島城下の塵芥、堀川のドブ土などを農閑期に船に積んで島に持ち帰り、浜辺に積んで堆肥化していた。これら能美島・江田島の「ごみ取り船」の様相は文政期の『国郡志』にもすでに記されており、近世から続く形態であったことが知られる。これらの堆肥は春に段々畑に運び上げられて、麦とサツマイモに施されていた（河岡武春『海の民』）。

この能美島を含む広島県佐伯郡《さえきぐん》の明治前期の肥料事情について見てみよう。明治二三年の県の農事調査によれば、佐伯郡では甘藷と裸麦に「塵芥」が用いられており、上述の

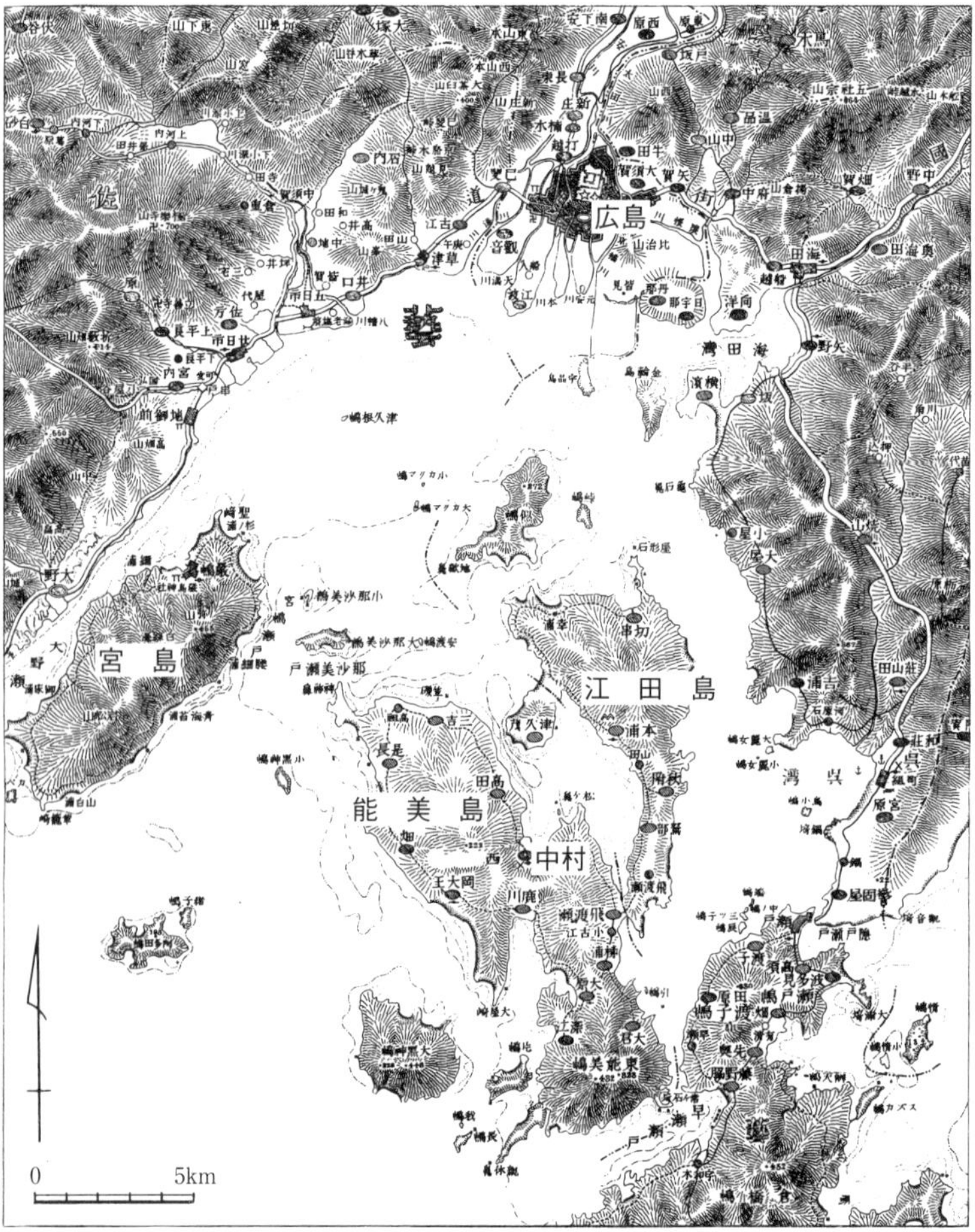

図34　能美島と江田島（明治21年輯製製版20万分の1「広島」）

「ごみ」を示すものと考えられる。またこの調査では、綿作の肥料に「藻」が記されていることにも注意したい。この「藻」については、一反当たり一二荷が通常の施肥量となっている。聞き取りでは、肥料藻一荷は約一〇貫とされていることから、木綿畑には一反につき乾燥重量で約一二〇貫（四五〇キロ）の「藻」が入れられていたことになる。湿重量では一〇倍の四・五トンに当たることから、その採取量の多さがうかがわれる。

さらに、この調査では大麦と小麦の肥料として、「小貝」が上げられていることにも注目したい。「小貝」については一反当たり一石五斗が施肥されており、こちらも相当な量であったことがわかる。なおこの「小貝」の利用に関しては、寛政四年（一七九二）にも「貝かき」を用いて獲った貝類を田畠の肥やしとすることが藩から認められており（広村文書「御注進択帳」、『広島県史　近世資料編Ⅳ』）、三河湾や水島灘沿岸の村々と同様に、近世以来の肥料であったことがわかる。

以上のように佐伯郡の沿岸部では大量の採藻と採貝が行われていたが、能美島や江田島ではそれでもなお肥料需要に追いつかず、塵芥まで運び入れていたことになる。このように両島で肥料需要が切迫していた要因には、木綿・甘藷以外にも多肥を要する別の作物の移入があったことを本書では提起したい。それはサトウキビであり、能美島は広島藩領で甘蔗栽培の中心となっていた島だったのである。能美島・江田島での甘蔗生産は大正期に消滅したため、その実態について詳しく分析した研究はこれまで見当たらない。そこで本書ではサトウキビ導入に伴う両島の環境変化について、以下に詳しく検討してみたい。

能美島へのサトウキビの導入

広島藩領でのサトウキビの栽培は、寛政一二年（一八〇〇）に賀茂郡三津村へ伊予国の甘蔗苗が試植されたことに始まるとされる（『広島県史　近世二通史Ⅳ』）。文政二年（一八一九）には領内各村へ甘蔗作高の報告と、他領への販売の禁止が命じられていることから（横田家文書、『広島県史　近世資料編Ⅳ』）、藩領ではこの頃にはある程度の甘蔗栽培がみられたものと推測される。

能美島へのサトウキビの導入時期については、明治二四年（一八九一）刊の『農事調査書』では、天保七年（一八三六）に讃岐より能美島の中村へ種苗を持ち帰ったのが始まりとしている。しかし天保一一年の中村の下畑家文書「砂糖絞入用並製方用取立覚帖」によれば、この年下畑家では中村以外にも高田・鹿川・三吉・深江・大原・飛渡瀬《ひとのせ》、および江田島の各村から甘蔗を買い入れて製糖を行っており、その甘蔗の合計重量は一万五五二五貫（五八㌧）に上っている。この生産規模および島の全域への栽培の広がりを見れば、能美島へのサトウキビの導入は天保七年よりも大きく遡る可能性が高い。なお、江田島の甘蔗栽培については能美島から伝わったもので、弘化・嘉永期には五、六軒であった栽培農家は明治一二年には三五軒まで増えたとされる（農商務省農務局『砂糖ニ関スル調査』一九一三年）。

広島藩では、安政四年（一八五七）には新開地や荒地・日陰の地などでの甘蔗の作付けを奨励しており（竹内家文書、『広島県史 近世資料編Ⅳ』）、幕末には甘蔗畑の面積は拡大していたと推定される。しかし栽培の中心はやはり能美島にあったことが、当時の断片的な史料からもうかがわれる。たとえば安政六年（一八五九）、広島藩の家老東城浅野家では、「砂糖磨」（白下糖を練り上げる精糖工程）を見物するために能美島へ渡海しており（『村上家乗』）、能美島が製糖技術の先進地であったことがわかる。また『明治十年内国勧業博覧会出品目録三』でも、広島県からの砂糖関係の出品者は安芸郡江田島の川尻惣七と、佐伯郡能美島中村の石井平九郎の二名のみであり、さらに明治一三年の『綿糖共進会列品目録二』では、広島県から砂糖関係で出品した八一名のうち、能美島が五三名、江田島が二二名を占める状況であった。

このように広島藩の甘蔗栽培と製糖の中心が能美島に置かれた要因としては、まず燃料供給の利便性があげられよう。後述するように製糖過程においては、搾汁を煮詰めるための大量の薪が必要となる。藩領では島嶼部から塩田および町場の日常燃料用に多くの薪が出荷されており、能美島でも農閑余業の第一に「山稼ぎ」が上げられるように薪生産がさかんであった。したがってこの島において甘蔗の栽培と製糖を行うことには、燃料供給上の利点が見出せるのである。

二つめの要因としては、『能美町誌』に「甘蔗は多く新開で栽培された」とあるように、能美島には近世初期からの干拓新田が他島と比べて多くあり、これら海辺の新田が甘蔗畑への転換用地となった可能性があげられる。この能美島での農業をめぐっては、文政九年（一八二六）に他国米四〇〇〇石が「能美島村々」の「諸飯米」として移入されていることにも注意したい（本城正徳『幕藩制社会の展開と米穀市場』）。この能美島住民の飯米購入者化については、木綿製織従事者などの「非農業者的下層民」だけでなく、上記のように新田を甘蔗畑へと転換した「非米作商品生産農民」も含まれていた可能性がある。

製糖燃料と山林への影響

このサトウキビ栽培に特化した能美島で起こった環境変化について考えてみよう。サトウキビの栽培が能美島の自然環境に及ぼした最大の影響は、製糖に伴う燃料の採取によって山林に負荷がかかったことであろう。

前述のように芸予諸島の個人所持の山林では薪生産が重要な生業となっており、古代以来の製塩の燃料にも用いられてきた。近世後期には製塩用の薪の出荷は下火になっていたものの、製糖の開始によって再び薪の需要が増大したと考えられる。明治二三年（一八九〇）の広島県の農事調査では、甘蔗の一反あたりの収穫量は一一〇〇貫（四・一トン）で、その製糖のために要する薪の量は三〇〇貫（一・一トン）とされている。明治二三年の県内の甘蔗作付面積は二〇〇町四反歩であり、この甘蔗畑すべての製糖に要する薪の量は、六〇万一二〇〇貫（二二五四・五トン）となる。この甘蔗畑の多くが能美島と江田島にあったことを勘案すれば、この島で製糖燃料として消費される薪が膨大な量に上っていたことが判明する。

千葉徳爾の研究によれば、能美島と江田島は芸予諸島のなかでも顕著なはげ山地帯であった（図35）。千葉は瀬戸内海沿岸の林地の荒廃を製塩業との関わりでとらえており、製糖による燃料需要は「製塩に比べればいうに足りないもの」としている。しかし製糖の中心地であった能美島・江田島については、上記の薪の合計量から考えれば、その影響は甚大であったことが理解される。広島湾内で能美島の西北に位置する宮島（前掲図34）では、製糖の最盛期であった明治一〇年前後には能美島へ薪を大量に出荷しており、また宮島の空き家を能美のものが買って解体し、古材を製糖用燃料にしていたという（『厳島民俗資料

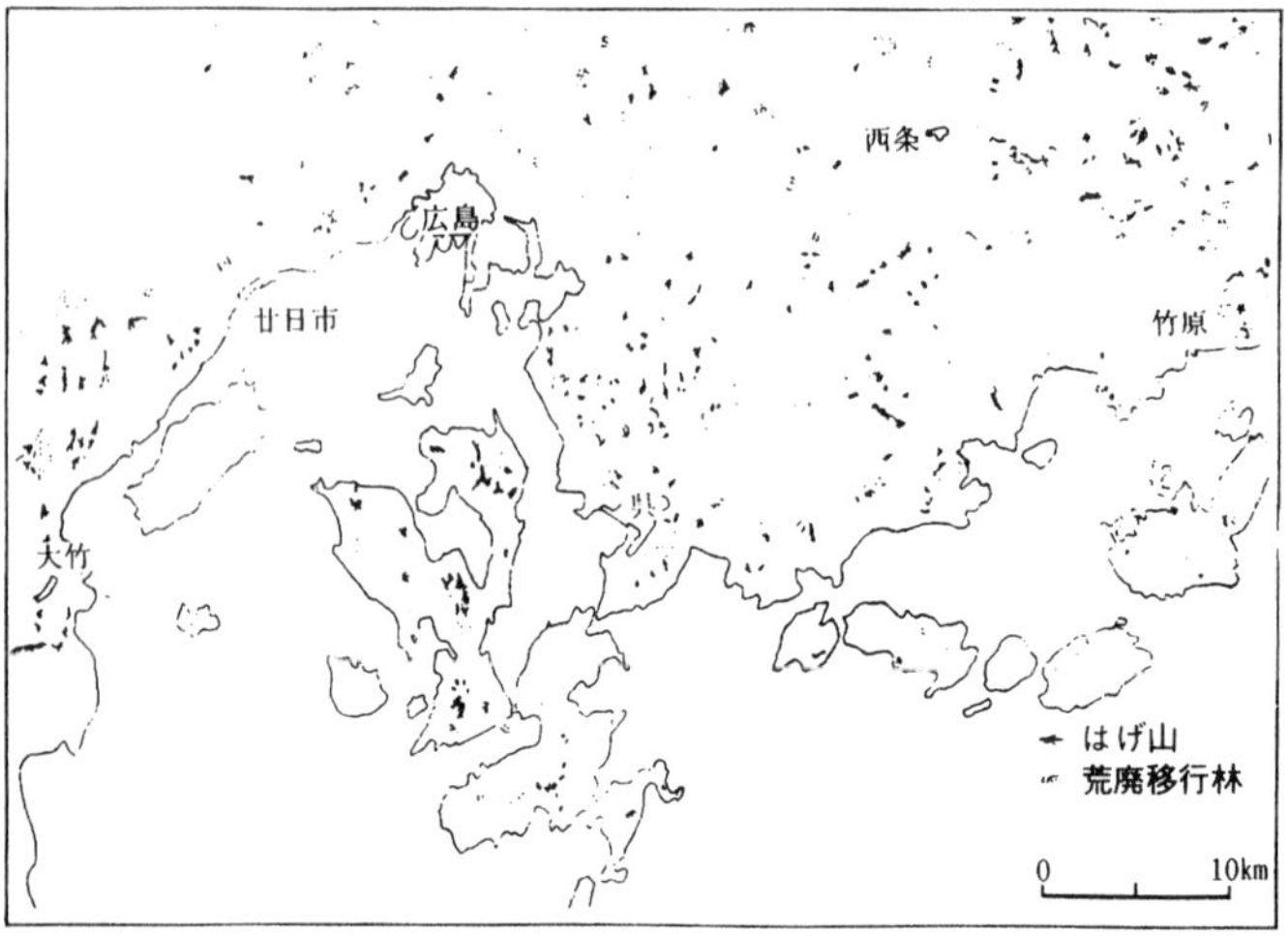

図35　広島湾周辺のはげ山と荒廃地（千葉徳爾『増補改訂 はげ山の研究』そしえて，1991年，80頁より転載）

緊急調査報告書』）。この時期すでに能美島では森林資源の枯渇が進み、島内だけでは薪が不足していたことを示していよう。

中世までの能美島では、天文一五年（一五四六）、永禄四年（一五六一）に厳島神社の大鳥居用の柱材が産出されており（「大願寺文書」、『広島県史　古代中世資料編Ⅲ』）、本来は深い森の島であった。しかし以上のように近世末期のサトウキビの導入は、この島の森林資源を枯渇させ、はげ山の島に変えてしまったのである。瀬戸内海では、能美島以外にもサトウキビの栽培が盛んであった島々がみられる。サトウキビの導入がこのように島嶼部の山地荒廃をもたらした可能性について、他の島々でも現地での実態を問い直す必要があるのではないだろうか。

ホンダワラの肥料藻利用

瀬戸内海沿岸で用いられた肥料藻は、アマモだけにとどまらなかったことにもふれておきたい。瀬戸内海にはホンダワラ類からなる藻場の「ガラモ場」も多く存在しており、ホンダワラもまた肥料藻として重視されたことは、すでに民俗学者によって多く報告されている。本節ではホンダワラが木綿とサトウキビの肥料藻として利用されていた事実を確認しておきたい。

砂地や砂泥底に生育する顕花植物のアマモとは異なり、ホンダワラ類は岩盤に着生する藻類である。瀬戸内海でも岩場と砂泥地が混在する島嶼部を中心とした地域では、アマモとともにホンダワラの肥料利用もさかんであった。特に周防国と伊予国を結ぶ防予諸島、すなわち周防大島から忽那《くつな》諸島（図36）にかけては、ガラモ場での肥料藻採取に関わる近世史料が散見される。

特に忽那諸島では、怒和《ぬわ》島の南に位置する無人島である二子島《ふたごしま》の藻をめぐって、近世中期以来の相論記録がみられる。二子島の藻を宝暦一三年（一七六三）一〇月には二神島《ふたがみしま》の住人たちが、寛政五年（一七九三）一月には津和地島の住人たちが刈り取り、怒和島と争

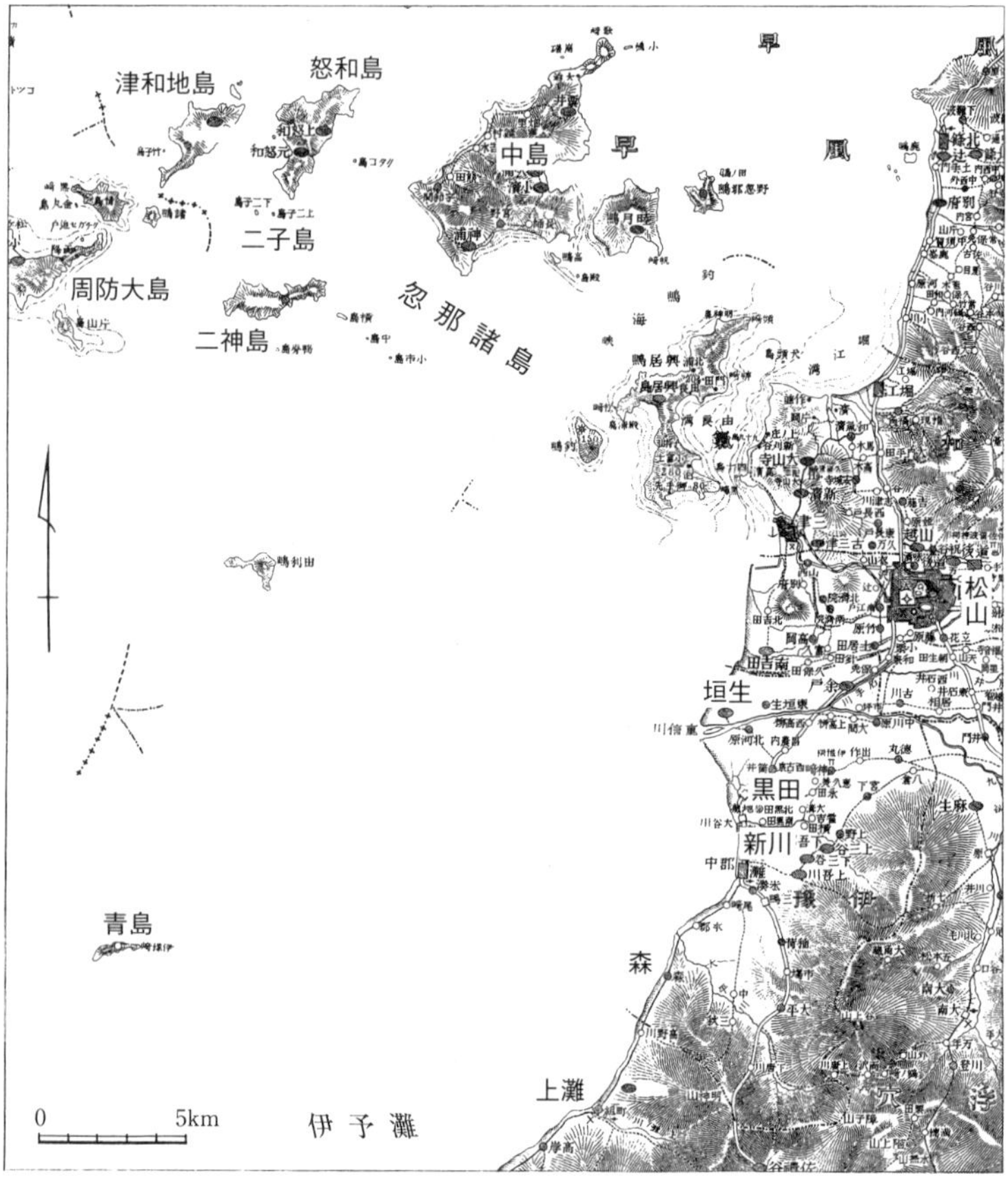

図36　忽那諸島および松山平野（明治21年輯製製版20万分の1「松山」）

ったことが記されている（二神家文書、『中島町誌史料集』）。この季節の藻の刈り取りは、それが夏に採取されるアマモではなく、ホンダワラ類であったことを示している。また天保八年（一八三七）には忽那諸島のうちで最大の中島において、北端の岬での「かじ藻」の刈り取りをめぐって、島内の村同志の争いが起こっている（堀内家文書、同前）。なお、近代の中島では地先の海藻だけでは足らず、遠く周防灘の青島（愛媛県）および伊予の灘《なだ》地方（図36）まで肥料藻取りに出かけていたという（宮本常一「島の農民」）。

これらの島々のうち、二神島については弘化三年（一八四六）の史料によって作物の種類を知ることができる。主要なものとしては、麦が二八六六石、さらに「唐芋」が一万五六四四貫で突出しており、また木綿を指す「わた」六〇斤もみられる。島々で刈り取られたホンダワラは、これら麦・サツマイモ・木綿へ施肥されていたと考えられる。

なお、瀬戸内海沿岸ではホンダワラは採取後にそのまま畑へ、あるいは浜辺で乾燥させた後で施肥されることが多かったが、上記の周防大島および忽那七島では、ホンダワラを焼いて、灰にする場合があったことも特徴的である（印南敏秀『里海の生活誌』）。灰はカマスなどに入れて保管され、甘藷畑へ運ぶのにも重宝されたという。

ホンダワラと木綿・サトウキビ

瀬戸内海だけでなく山陰地方でもホンダワラは肥料に広く用いられていたが、近世にはその多くが木綿畑に施肥されていたことを重視したい。たとえば図37に示した出雲国の神門郡《かんどぐん》では、文政期には日御碕《ひのみさき》を中心とする岩礁地帯の村々でホンダワラが採取され、南の出雲平野の村々（濱村・荒木三ヶ村・園村など）へ畑作の肥やしとして販売されていた（安藤雅人『江戸時代の漁場争い』）。この村々の浜沿いの畑は多くが綿作地であり、神門郡は出雲国の綿作の中心地であった。

また、先述の伯耆国会見郡の弓ヶ浜半島（前掲図23）での綿作についても、中海で採取された肥料藻に加えて、隠岐島で刈り取られた乾燥ホンダワラが幕末には一五万貫も購入されていたことに注目したい（岡光夫『日本農業技術史』）。鳥取藩では文政八年（一八二五）より新たに海藻類に運上が課せられるようになったが、天保一三年（一八四二）には、「近年隠岐産の肥やし藻葉が境へ大量に入港するため、当年より境に藻葉問屋を置き、「藻葉役銭」を徴収すること」が定められている（『鳥取藩史第六巻』）。弓ヶ浜半島での綿作が急速に拡大し、肥料藻の供給が中海だけでは足りなくなったために、隠岐島を含む広域の里海システムが形成されていく様相が明らかであろう。

以上のように、ホンダワラは麦・サツマイモに加えて木綿の肥料となっていたが、さらに瀬戸内海ではもう一つの作物として、サトウキビにも施肥されていたことを示したい。『明治十年内国勧業博覧会出品解説』では、肥料の項で「馬尾藻（ホンダワラ）」を上げ、伊予国伊予郡の森村で四千貫、四〇円の産出額があり、「これを用ふるには甘蔗を第一となし、麦これに亜ぐ」「近村黒田村においては専らこの肥料を蔗田に用ひて良糖を産」すると述べている。

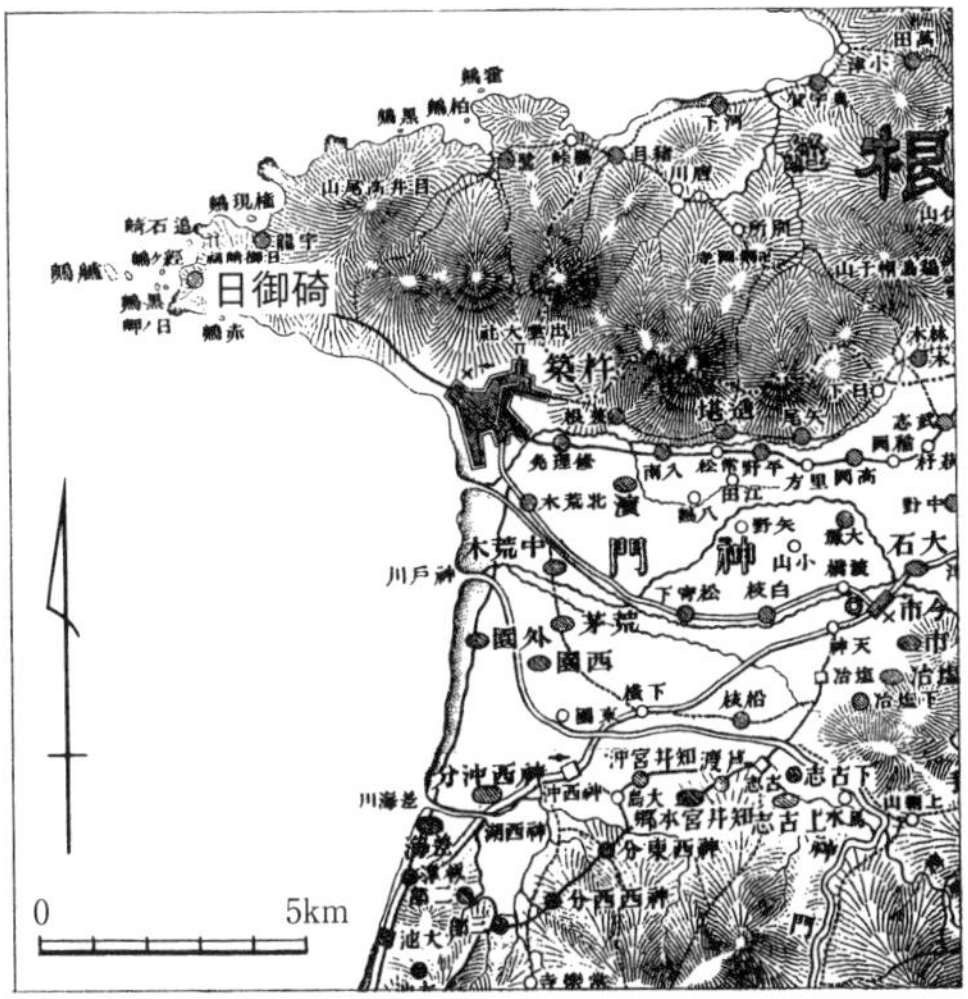

図37　日御碕と出雲平野（輯製20万分の1「杵築」明治22年製版,「濱田」明治22年製版）

伊予郡森村とは、松山平野の南端の海岸部で、伊予灘に続く岩礁地帯であった（前掲図36）。また松山平野では黒田村以外にも、重信川《しげのぶがわ》北岸の垣生村などの海辺の砂丘畑においてサトウキビが栽培されていた（『温泉郡誌』）。そのなかで黒田地区は南側の新川地区（前掲図36）とともに文政以来の有力なサトウキビ産地であり（村上節太郎「地蔵町（松前町）・新川（伊予市）付近の甘蔗資料」)、この松山平野の砂丘畑へホンダワラが施肥されていたのである。

以上のように、ホンダワラもアマモと同じく、自給作物の麦・サツマイモに加えて、木綿とサトウキビという商品作物の肥料とされていたことが確かめられる。これらの作物の移入によって、近世後期から末期にかけてホンダワラの刈り取りが極限まで進んだことが見えてくる。

外来植物の導入と里海の成立

本章で判明した事実をまとめておきたい。三河湾と同様に瀬戸内海沿岸でも、アマモやホンダワラが木綿・サツマイモ・サトウキビへと施肥されていたことがわかった。肥料藻は近世以前から自給作物の麦に用いられていたと考えられるが、しかし近世に入ると上記三種の移入作物の導入に伴って、その採取量が飛躍的に増大したことが明らかになった。近世初頭には普及が始まっていた木綿に対し、サツマイモの導入は一八世紀前半、サトウキビは一九世紀以降であり、それぞれの移入時期ごとに、肥料藻の採取が段階的に増加していったことが推定される。

この三種の作物は、いずれも国外からもたらされた外来植物であり、里海の生態系はこれらへ施すための肥料藻採取を核として成り立っていることを重視したい。つまり、一見、古代から不変のようにみえる里海の生態系は、決して伝統的な生業活動のみによって形成されたものではなく、外来種の移入を契機として近世後期に確立された、きわめて「人為的な自然」であったことになる。この事実は、里海を「日本独自の自然共生型モデル」とみなし、在来型の生態系をイメージしてきた従来の見解に再考を迫るものではないだろうか。

さらに、三河湾、瀬戸内海のいずれにも共通してこの三種の作物の組み合わせが見出される事実は、里海の生態系の確立に、これらの外来作物の導入という政策的要因が作用していた可能性を示している。この問題については、後章でさらに詳しく検討することとしたい。

肥料藻と国際商品

里海とナマコの国際貿易

瀬戸内海の藻場とナマコ

瀬戸内海のアマモとホンダワラは肥料藻となるだけでなく、その藻場は魚介類の重要な生育地・繁殖地となっていたことにも注意したい。魚・貝以外でこの藻場を生息地とし、近世に重視されていた水産資源はナマコである。ナマコは藻場と里海の生態系の維持にも重要な役割を果たしており、かつその消費需要は国内市場を越えて、中国との国際貿易の視角から論じる必要がある。しかし従来の里海研究ではこのような視点は全く看過されてきたため、本章ではまず近世のナマコ漁と里海の関係について検討したい。

ナマコはウニ類・ヒトデ類などと同じ棘皮《きよくひ》動物であり、日本で主な漁獲対象となっている種はマナマコである。マナマコは幼稚仔《ようちし》時代にはホンダワラ類の茂る潮間帯で過ごし、その後潮下帯へ移動し、さらに深い岩場・転石帯とそれに隣接する砂地などで生活する。つまりマナマコの生息に適しているのは、岸際の岩礁・転石帯から沖合の広域な砂泥底までが連続する水深二〇㍍《メートル》以浅の海域であり、瀬戸内海にはこの条件を満たした生息地が多く存在していたのである（廣田将仁・町口裕二編『ナマコ漁業とその管理』）。

前述の忽那《くつな》諸島の二神島《ふたがみしま》では、すでに永禄二年（一五五九）に領主二神氏の徴収した公事のなかに「たわらこ（海鼠）」がみえる（二神家文書）。近世に入ると、ナマコは長崎貿易で中国へ輸出される俵物《たわらもの》のうちの「煎海鼠《いりこ》」として、さらに重要な水産資源となる。幕府から諸国の浦へ煎海鼠の納入が課せられたが、延享元年（一七四四）段階で煎海鼠の産出高の多い地域は、北方の松前（八万斤）・津軽（三万斤）に次いで、安芸（二万五千斤）・周防（一万五千斤）・備前（一万七千斤）などの瀬戸内海であったことに注目したい（小川国治『江戸幕府輸出海産物の研究』）。

このうち広島藩では、文政二年（一八一九）には煎海鼠の公儀御用請負高の半分近くを佐伯郡《さえきぐん》が担っており、具体的には太田川の河口付近や、能美島《のうみじま》など広島湾の島々で漁獲されていた。また長州藩では、日本海側の諸浦でもナマコの請負はみられるものの、その産出量は瀬戸内海側が圧倒的であった。これは小川国治によれば、底質の違いによる漁法の相違に基づくものとされている。底が岩場でホンダワラやアラメが多い日本海側の漁場では網を曳《ひ》くのは困難であり、長い魚叉で突き取っていた。一方、砂泥底の多かった瀬戸内海側では、「藻生立が違申候て、入海のごみへ生立申候故網通り申候」「藻の中の生海鼠、けた網を入取候様子」（「日田御代官羽倉権九郎様俵物御紀方御廻浦覚」）とあるように、網通りのよいアマモ場で船からケタ網（前掲図27と同様）を曳くことができた。ケタ網の底曳きでは、海底のナマコを一度に大量に捕獲することが可能である。このように砂地や砂泥地の広がる瀬戸内海沿岸は、ナマコ漁に適していたことがわかる。

里海の生態系とナマコ

ナマコを漁獲することには、里海の生態系を成り立たせる上で重要な意味があった。以下、その仕組みについて考えてみよう。

マナマコは海底表面の堆積物を摂食しており、海底の砂泥を飲み込んで有機物だけを消化吸収する。重要なことは、マナマコは摂食砂泥中に含まれる窒素量の半分近くを吸収することであり、その有機物除去機能の高さが注目されている。飲み込む砂泥の量も膨大で、例えば三五六グラムの個体なら年間一〇キロの砂泥を摂食するという。つまりナマコによる底質中の有機物除去量は大きく、「海底のそうじ屋」と呼ばれるゆえんである

（廣田将仁・町口裕二編『ナマコ漁業とその管理』）。

このように大量の有機物を体内に吸収したナマコを漁獲することは、有機物を系外へ除去することにつながる。つまり、肥料藻や二枚貝の採取による栄養物質の回収と同じく、ナマコの漁獲もまた人間を含めた里海の生態系の構成要素の一つだったことになる。さらにケタ網による砂泥地やアマモ場での底曳きは、海底から植物遺体などを取り除くため、その場所が泥地化するのを防ぐ効果があったことも見逃せない。つまり、ナマコのケタ網漁は三河湾での巻貝のケタ網漁と同じく、泥地への遷移を停止させ、砂質底を維持する役割を果たしていたのである。

なお、砂地の浅水域の広がるナマコの好漁場は背後に花崗岩山地を擁していることが多いが、前節で触れた三河湾もまたこの条件に合致しており、ナマコの名産地であったことを指摘しておきたい。元禄一〇年（一六九七）刊の『本朝食鑑』では、ナマコの産地として尾張の和田、三河の柵嶋《さくしま》、相模の三浦、小豆島《しょうどしま》をあげている。「三河の柵嶋」とは三河湾の佐久島のことであり、前掲図25に示したように、矢作川の作り出した砂底質の浅海に位置していた。このようにナマコはやはり内海の砂質の里海を象徴する水産物だったのである。

先述のようにナマコの漁は幕府の俵物増産政策によって活発化し、一八世紀以降にその漁獲量が急増することとなった。ナマコ漁を組み込んだ里海の生態系も、このころに確立の画期が求められよう。

このナマコ漁の活性化の背景には、中国での煎海鼠需要という海外市場の要因があったことは重要である。近世後期の里海の確立と市場経済との関係について考えるとき、看過できないのは近世の経済活動がすでに海外貿易との連関を有していたことである。幕府の俵物増産政策は日本産の金銀の海外への流出を止めることを目的としており、この政策によって瀬戸内海のナマコ漁が活発化し、里海の生態系の構成要素が出そろったこととなる。

このように幕府や諸藩の政策が海辺の生業のあり方を規定し、里海の生態系の構造に変化をもたらした可能性について追求する必要がある。すなわち、里海とは在地で偶発的に形成された「自然」ではなく、その成立の過程にはきわめて政策的な要因が作用していた可能性が高い。したがって里海の形成過程の研究では、地域のミクロな分析とともに、それをよりマクロな国際流通システムの枠組みにおいて検証することが求められる。次節ではこのような観点から、里海の形成過程について考えてみたい。

煎海鼠の国際貿易

木綿・生糸・砂糖の輸入代替と肥料藻

国際商品としての木綿・生糸・砂糖

前章までに判明した里湖と里海に関する事実をまとめておきたい。淡水の里湖において水草を施肥する対象となっていたのは、米と麦のほか、商品作物としての菜種《なたね》と、養蚕《ようさん》用の桑であった。また内海の里海でアマモやホンダワラ類の施肥対象となっていたのは、自給用の麦とサツマイモに加えて、商品作物の木綿とサトウキビであった。このうち菜種・木綿・サトウキビ・サツマイモは、近世に移入された外来植物であったことが重要である。里湖と里海では、これら近世に人為的にもたらされた作物の栽培によって肥料藻採取が段階的に促進され、栄養塩類を水中から回収する循環的な生態系が近世後期には確立されたことが明らかになった。

上記の商品作物のうち、木綿とサトウキビ、さらに養蚕用の桑に注目したい。これらを原料として生産される木綿布・砂糖・生糸の三品目は、いずれも中世末期には中国からの輸入に頼っていた国際商品であり、近世に至って日本が努力の末に輸入代替に成功した製品だからである。

中世には木綿は兵装などの軍需品として中国・朝鮮から大量に輸入されていたが、その国内自給が完成したのは、近世初期に入ってからのことであった（永原慶二『苧麻・絹・木綿の社会史』）。続く一七世紀の最大の輸入品であった生糸については、国内自給への切り替えは一七一〇年代から三〇年代の間に進んだとされる（田代和生「一七・一八世紀東アジア域内交易における日本銀」）。生糸の後をうけて輸入の首位となった砂糖も、一八世紀末から一九世紀初めにかけて生産が拡大し、一八三〇年代には輸入代替が完了したとされている（岩生成一「江戸時代の砂糖貿易について」）。

このように日本は近世において木綿・生糸・砂糖を国産化し、中世以来の中国・朝鮮市場圏への依存を克服したのであるが、この輸入代替化の過程において、里湖・里海の肥料藻が大きな役割を果たした可能性が出てくる。この点について考えてみよう。

国際商品の輸入代替と肥料藻

生糸について、琵琶湖の章で述べた桑畑と底泥・水草施肥の関係を振り返っておきたい。近江国北部で産出される生糸は、一七世紀初頭の京への登《のぼ》せ糸《いと》の開始とともに京都市場に現れ、美濃産と並んで西陣《にしじん》へ供給されていた。正徳五年（一七一五）には京都生糸問屋の取扱高のうちの四六パーセントを、近江国長浜産の「浜糸」が占めていたことは前述した通りである。西陣織に用いられる高級生糸は近世初期までは中国および朝鮮からの輸入に頼っていたが、幕府がこの白糸の輸入を貞享二年（一六八五）に制限したため、これ以降、国内の蚕糸業が本格的に発展することとなった。この輸入代替化の初期にあって、すでに近江の長浜は先進的な産地であったことがわかる。

長浜近郊および近江北部で盛行した養蚕では、前述したように桑畑は琵琶湖岸の水損地や旧河道の自然堤防上に立地しており、湖の底泥や水草が施肥されていた。そもそも中国大陸においても、「桑は河泥少なければ興らず」ということわざがあり、桑は太湖や揚子江下流部の河畔など水辺で栽培され、湖水や大河の底泥が肥料とされていた（『支那蠶絲業大観』）。大陸からの技術移転による生糸の輸入代替を目指した日本でも、琵琶湖のほとりで同様な桑の栽培がみられたことは注目される。

近江と並ぶ近世初期の主要生糸産地であった美濃国でも、木曽川《きそがわ》・長良川《ながらがわ》の沿岸および旧河道の砂地で桑の栽培が行われていたことが指摘されている（矢守一彦『幕藩体制の地域構造』）。また本書では検討できなかった他の生糸産地、たとえば関東や北陸においても、明治末期・大正初期には霞ケ浦《かすみがうら》・印旛沼《いんばぬま》や邑知潟《おうちがた》で水草が桑畑の肥料に使われていた記録がある。このうちには近世に遡る事例もあるのではないだろうか。

木綿についても、伊勢や三河・備中など初期からの主要産地だった地域で、海草・海藻が木綿畑に施肥されていた事例を見ることができる。サトウキビ畑にアマモやホンダワラが施肥されていたことも、浜名湖《はまなこ》や伊予国伊予郡の事例で確かめられた通りである。このように国産化に際しての先進的産地の形成に、里湖・里海の肥料藻が寄与していた可能性を本書では指摘したい。

この点については、さらに近世農業における多肥化の観点から論じる必要があろう。従来の研究では、近世における商品作物の栽培拡大は干鰯《ほしか》、すなわち金肥《きんぴ》の使用によって達成されたものであり、したがって木綿等の国産化についても干鰯の普及が大きな要因とされてきた。しかし本書では、干鰯が金肥である以前に水産肥料であった点を重視したい。中世以来の山辺の資源である里山からの刈敷《かりしき》や厩肥《きゅうひ》、さらに人糞尿の利用に加えて、近世には里湖・里海の多様な水産肥料が活用されていたことは本書で見てきた通りである。水産肥料が近世の農業の可能性を広げた点について、干鰯以外の肥料に関しても検討する必要がある。

水辺から獲得される肥料は魚肥だけに限らず、底泥・水草・海草・海藻、さらに貝類など多岐にわたっている。これらが自給肥料として、金肥たる干鰯や鯡《にしん》滓《かす》以上に活用されていた実態を直視すべきである。特に近世後期に至り、全国的な多肥化と鰯の不漁によって干鰯の価格が高騰すると、これら肥料藻・小貝などの比重を高めて経費を抑えようとする傾向が各地の綿作地で顕著となっている。また同じく藻草を肥料とした各地でのサツマイモの栽培が、人口増加を支えて木綿布生産への社会的分業を可能にしたことも前述した通りである。したがって干鰯の代替となりうる肥効を有し、木綿などの国際商品の国産化を支え続けた肥料藻の経済的価値については、現地の実態から再評価がなされるべきと考える。

木綿・生糸・砂糖の国産化の意義

幕府の主導による木綿・生糸・砂糖の輸入代替は、日本からの金銀の流出を止め、国内生産の実現によって貿易相手地域の比較優位の解消につながったとされる（川勝平太「日本の工業化をめぐる外圧とアジア間競争」)。このことは、日本がアジア交易圏での中国中心の冊封体制から自立し、いわゆる「鎖国」という経済体制を維持する基盤になったとの評価もみられる。

川勝によれば、そもそも日本が長い時間を要しつつも近世のうちに木綿・生糸・砂糖の生産を達成したことには、以下のように大きな意義があるという。これらの製品は幕末の開国時においても引き続き重要な国際商品であり、イギリスを中心とする西洋諸国の主要な取引対象となっていたからである。開国によって自由貿易体制のなかに投げ込まれた日本は、当時すでにこれらを自給できる段階にあり、特に生糸は中国を上回る品質に達していたために有力な輸出品とすることができた。さらに綿糸の紡績業は日本の工業化の主軸となるものであり、その意味でも近世の木綿・生糸・砂糖の輸入代替の過程は、近代日本の工業化を準備するものであったとされる。

以上のように輸入代替の歴史的意義を理解すれば、近世段階における里湖・里海での大規模な肥料藻採取の営みは、在来の生態系の中で自然発生したものではなく、むしろ木綿などの外来植物の導入に伴って促進された行為であったことがみえてくる。特に砂糖生産に関わるサトウキビの栽培については、幕府の輸入代替政策に基づいて作付け拡大への誘導が行われたことも後述のように明らかになっている。肥料藻を用いた商品作物の栽培は都市の消費需要と直結していただけではなく、国際商品をめぐる政治的趨勢《すうせい》とも関係していたのである。里湖・里海の生態系の確立は、このように国際市場における日本の立ち位置の変化とも連動していたことに注意したい。

なお、近代以降の貿易動向についても付言しておくと、日本の綿作は明治二〇年（一八八七）ごろにピークを迎えたが、しかしその後は機械紡績に適した外国綿花の輸入が圧倒的となり、国内での栽培は自家用を除いて減少していく。同様に日本の砂糖生産も明治二〇年代以降はジャワ産や台湾産の廉価な輸入品に押され、国内での生産量は激減した。そこで各産地では、綿作地・甘蔗畑に代わって主力の生糸生産に関わる桑畑が面積を拡大していき、里湖・里海の肥料藻は主に桑畑へ向けられるようになっていく。よって大正・昭和前期には、桑畑を中心とする里湖・里海の生態系が新たに活性化していくこととなる。このように里湖・里海の生態系は近代以降にも姿を変えつつ存続しているが、その要となる施肥対象作物は時代ごとに変化していることに注意が必要である。

砂糖生産と薩摩藩

木綿・生糸・砂糖の国産化の達成には長い時間を要したが、それは「鎖国」体制下の日本では中国からの直接的技術移転が困難であったためとされる（クリスチャン・ダニエルス「一七、八世紀東・東南アジア域内貿易と生産技術移転」)。なかでも輸入代替の完了まで最も時間がかかったのは、砂糖であった。砂糖はサトウキビの栽培だけでなく製糖加工にも高度な技術を要したため、日本での普及には大きな困難が伴った。

本書でも見た通り、多くの地域では寛政期に甘蔗苗が配布され、文政・天保ごろに栽培が普及する点で一致している。これは幕府の統一的な施策に起因しており、広島藩でみられた文政二年の甘蔗作付面積の調査も、実際には幕府に命じられたものであった（樋口弘『日本糖業史』）。幕府は文化〜天保期には本田畑での甘蔗作付けの禁令を重ねて出しており、海辺の新開地での栽培へと誘導を行っている。このような幕府の政策が、里海での肥料藻の採取に拍車をかけ、その生態系の確立を促したことになる。

以上の政策によってようやく砂糖の国内需要が満たされたのは天保期に入ってからのことであったが、それまでの長きにわたって国内生産の主力を担ってきたのは、薩摩藩支配下の奄美《あまみ》諸島であった。亜熱帯という気候条件や、中国からの直接的な技術移転が可能であった地理的要因に加えて、さらに薩摩藩独自の統治形態が作用していたことも重要となる。奄美は琉球王国から割譲された薩摩藩の直轄領であり、砂糖は薩摩本国で広く生産された木綿や生糸とは異なり、遠く海を隔てた「植民地」で生産されるものだったのである。

海外での砂糖の生産をめぐっては、西洋諸国がカリブやジャワの島々を植民地化し、搾取的なプランテーションを行っていたことはよく知られている。奄美でも同様のサトウキビのモノカルチャー（単一栽培）が見られ、一九世紀初めまで国内需要の大部分をまかなう量の砂糖（黒糖）が生産されていた。しかしその生産に肥料藻をはじめとする水産肥料が大きく関わっていたことについては、これまでの研究ではほとんど見過ごされている。近世の奄美諸島で砂糖生産に特化した里海のシステムが見出されることは、外来植物の導入によって形成された里海を研究する本書にとって大きな意味がある。そこで次章では日本の里海のもう一つの実態として、奄美大島における里海の形成過程を取り上げてみたい。

サンゴ礁の「里海」の成立

奄美へのサトウキビ・サツマイモの導入

サンゴ礁と琉球列島の里海

従来の里海研究では、サンゴ礁の海もまた里海の類型の一つとされ、石《いし》垣島《がきじま》など沖縄のサンゴ礁における資源利用の民俗が取り上げられてきた（鹿熊信一郎ほか編『里海学のすすめ』など）。そこでは「伝統的」な生活文化が注目され、資源利用の持続可能性が強調されている。

しかしサンゴ礁での資源利用の「伝統性」と「持続可能性」を議論するためには、前提として人間とサンゴ礁との関わりを長期的に検証することが求められよう。後述の奄美《あまみ》諸島のように、近世前期と後期とではその生業に大きな断絶のある島々も存在するからである。よってそこでは聞き取りによる近現代の様相だけでなく、史料を使って近世の状況まで遡ることが必要となる。

さらに、筆者は人間活動のサンゴ礁への影響については、平野や山地を含む集水域全体の中で問われるべきと考える。琉球列島の島嶼《とうしょ》部では、山地から海辺までの集水域がコンパクトにまとまり、一連の生態系を構成しているからである。そこで本章では、近世以来の生業活動がサンゴ礁の島の生態系にどのような影響を与えたのか、集水域全体におけるその長期的な変動を史料から検証してみたい。

本章でフィールドとするのは奄美大島である。奄美の島々は同じサンゴ礁ながらも沖縄諸島とは異なり、近世の薩摩藩の直接支配によってその自然と文化を大きく変えられた歴史がある。薩摩藩は、砂糖の国産化のためにこの島の生業をサトウキビのモノカルチャーに変え、特に平野部と森林に対して顕著な自然改変を行った。しかし、結論からいえばその影響は海辺にも強く及んでおり、サンゴ礁の生物資源の利用にも大きな変化がもたらされることとなったのである。本章ではまず薩摩藩の侵攻が奄美大島の自然と社会に与えたインパクトを確認した上で、サトウキビの導入に伴って奄美で構築された生態系の全体構造、近世の里海のもう一つの実像を明らかにしたい。

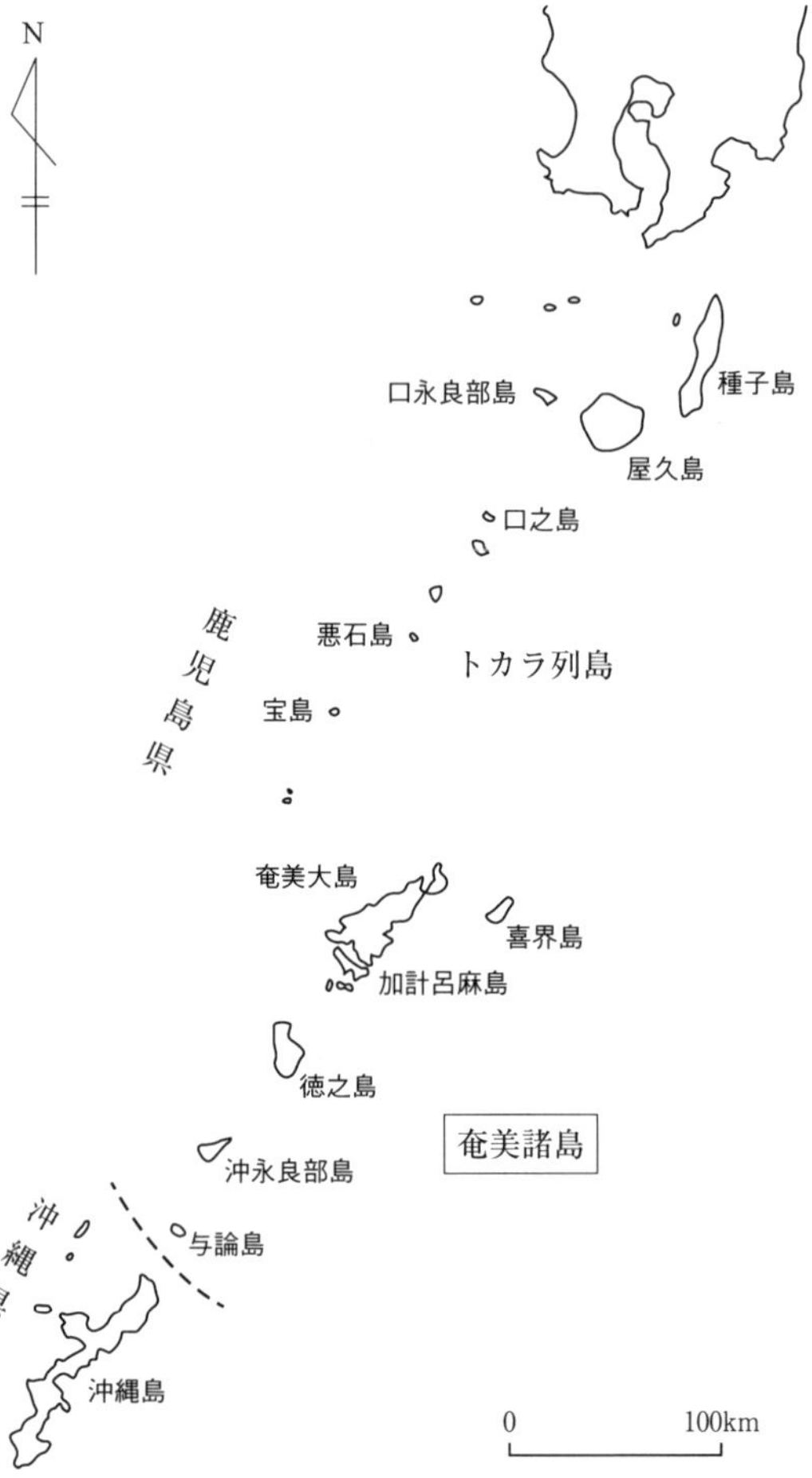

図38　奄美大島の位置

奄美大島の自然条件と水田

奄美大島は、鹿児島市から南へ三五〇キロの海上にあり、喜界島《きかいじま》・加計呂《かけろ》麻《ま》島《じま》・徳之島《とくのしま》・沖永良部島《おきのえらぶじま》・与論島《よろんとう》などからなる奄美諸島のうちで最大の島である（図38）。奄美諸島は一五世紀半ばより琉球王国の一部となっていたが、慶長一四年（一六〇九）の島津氏の琉球侵攻の結果、薩摩藩へ割譲されることとなった。以来、奄美諸島では薩摩藩による直接支配が貫徹し、後述するように植民地的な経営が行われるようになっていく。

薩摩藩の奄美支配といえばサトウキビのプランテーションがよく知られているが、これは直轄化当初からのものではない点に注意したい。享保期までは奄美大島でも他の藩領と同様に米での年貢徴収が中心となっており、それはこの島の本来の自然条件にかなった徴税方式であったことを理解する必要がある。

奄美大島にはサンゴ礁が発達しているが、しかしこの島自体の成因は隆起サンゴ礁ではなく、火成岩からなる「高島」であったことに注意したい。隆起サンゴ礁の石灰岩台地から構成される平坦な「低島」に対して、奄美大島はほぼ全体が山地で占められており（図39）、深い森の島となっていることが特徴である。通常、隆起サンゴ礁の島では降雨は石灰岩に浸透して地下水となり、地上の表流水は不足する。しかし奄美大島ではその鬱蒼《うっそう》とした森が年間約三千ミリに達する降雨を貯え、多くの河川の源となっている。このように表流水の豊かな奄美大島では、河川灌漑《かんがい》による水田での稲作と田芋栽培が農業の基盤となっていたのである。

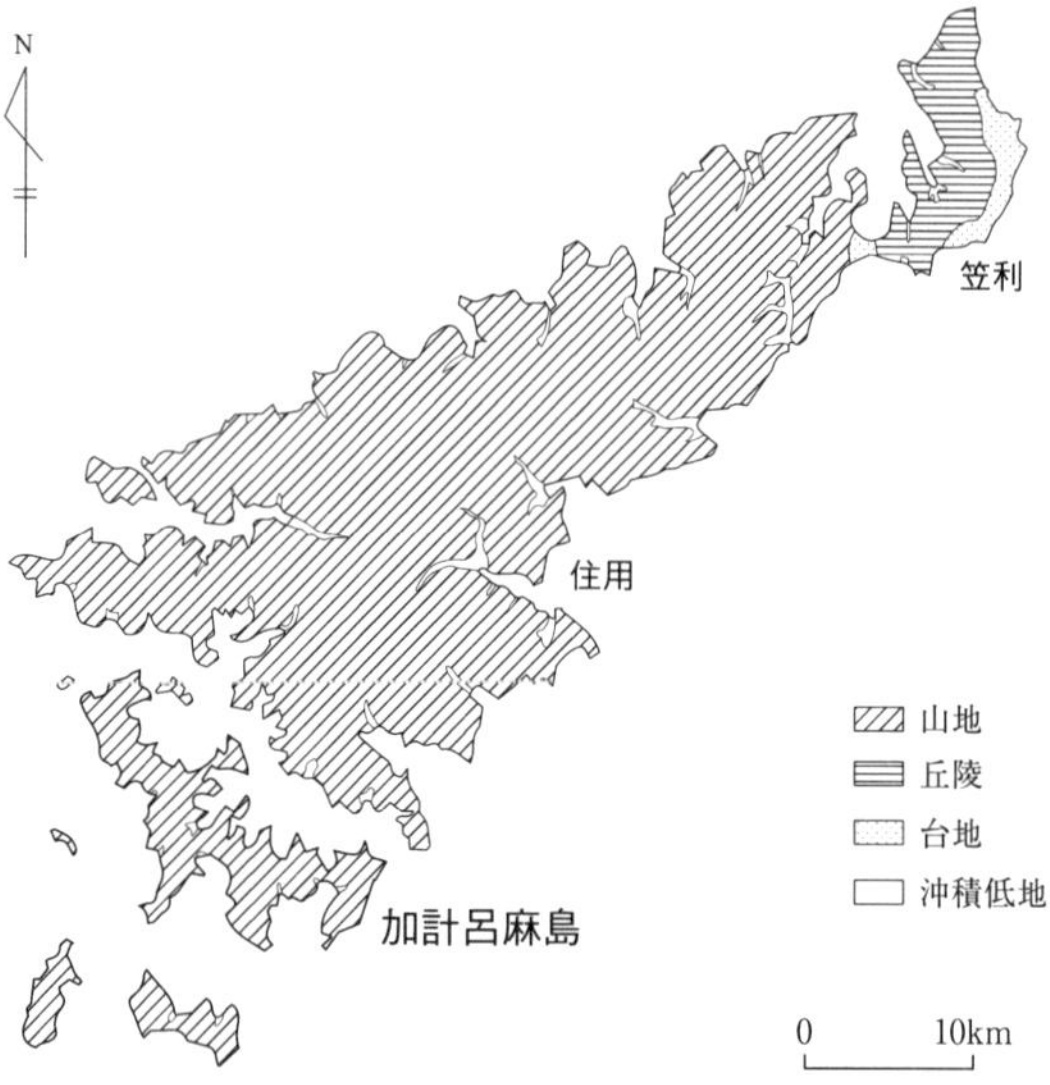

図39　奄美大島の地形分類図（経済企画庁総合開発局「土地分類図（地形分類図）鹿児島県」1971年，より作製）

薩摩藩が享保一一年（一七二六）から一三年にかけて実施した検地の分析によれば、奄美大島の田畑面積に対する田の割合は九〇・五パーセントであり、この時期までは水田が圧倒的に多かったことがわかる（小林茂『農耕・景観・災害—琉球列島の環境史』）。薩摩藩も領有当初は水田稲作を重視しており、畑地の水田化や新田開発を奨励していたことが知られる（享保一三年『大島規模帳』、『南西諸島史料集Ⅲ』）。

米からサトウキビへ

しかしこの薩摩藩の農業政策は、一八世紀半ばに大きく転換する。それは稲作からサトウキビへの転換である。サトウキビの栽培は一六三二年に中国から琉球王国に伝えられ、それが一七世紀末ごろに奄美へ伝来したと推定されている（『名瀬市誌　上巻』）。これは元禄初頭に大島から琉球へ二名が派遣され、栽培・製糖の技術を習得して持ち帰ったものとされる（和家文書、『大和村の近世』）。直後の元禄八年（一六九五）には薩摩藩が砂糖生産を監督する役職「黍《きび》検者」を置いているように（『大島私考』〈『南西諸島史料集Ⅲ』〉、『大島代官記』〈『奄美史料集成』〉）、サトウキビの奄美への導入はその商品価値に目をつけた薩摩藩の意図によるものだったことが明らかである（弓削政己「近世奄美諸島の砂糖専売制の仕組みと島民の諸相」）。

やがて正徳期には薩摩藩による買い上げが増え、延享四年（一七四七）には換糖上納制が奄美大島・喜界島で施行されるに至った（弓削政己、同前）。これは年貢を米に代わって黒糖で換算して納めさせるものであり、米から砂糖生産への政策転換を示す大きな画期になったと指摘されている（松下志朗『近世奄美の支配と社会』）。

安永六年（一七七七）には大島・喜界島・徳之島の三島で砂糖の第一次惣買入制が始まり、年貢用以外の砂糖（余分糖）についても私的売買が禁止され、すべてが藩の専売下に置かれることとなった。さらに天保元年（一八三〇）には調所広郷《ずしょひろさと》による財政改革のもとで第二次惣買入制が施行され、藩による専売制がより厳格に適用されるようになった。年貢米の砂糖換算率は低く抑えられ、貨幣の流通も停止された島内では、年貢以外に出荷される砂糖も藩が一方的に設定した交換率で本土からの日用品や食品と引き換えられた（松下による）。

このような薩摩藩の方針の下で、サトウキビの作付拡大が強引に推し進められていった。山野の新規開墾だけでなく、これまで麦・粟を栽培していた既存の畑と、さらに水田へもサトウキビ作付けが強制されたことが重要となる。藩から割り当てられた作付面積を達成するために、村々では排水不良で転用不可能な強湿田を除き、多くの水田を干してサトウキビ畑へ転換することを余儀なくされたのである。その結果、奄美大島の明治六年（一八七三）の作付状況として、地目「田地」一九八八町歩のうち過半の一〇〇三町歩にサトウキビが植え付けられ、イネの作付面積は七一八町歩に過ぎない状態が出現している（小林茂の分析による）。

この水田の削減のために不足した飯米については、他地域から米を運び込み、「下し米」として砂糖の代価とする対応がとられた。しかし米に対する黒糖の交換比率がきわめて低く設定されたために、下し米の供給量は絶対的に不足しており、主食とするには困難な状況であった。そこで多くの島民が依存したのが、サトウキビと並んで近世に導入されたサツマイモだったのである。

サツマイモへの依存と飢饉

サツマイモの奄美大島への伝来年代については確かな史料を欠くものの、一七世紀初頭に琉球より伝わったものと推定されている（『名瀬市誌 上巻』）。一六三三年の記録にはすでに島民が田芋に加えて「はんす芋」（サツマイモ）に依存しているとあり（「有馬丹後純定大嶋附肝付表代官相勤候覚」）、以後一八世紀にかけてサツマイモが急速に普及していく様相がうかがえる。

一九世紀初頭の大島代官、本田孫九郎による文化二年（一八〇五）の『大嶋私考』では、サツマイモは山野を切り開いて植えられ、温暖なこの島では四季を問わず成長すること、肥料も不要であり、すでに主食となっていることが記されている。平地畑はすべてサトウキビで占められていたため、サツマイモが植え付けられたのは登るのも困難な急斜面の焼畑であり、これらは享保期以後に耕地化された「高外山野地」であった（『南島誌』、『南西諸島史料集Ⅲ』）。

以上のような米からサツマイモへの主食の転換は、明らかに薩摩藩によるサトウキビの生産拡大と連動したものであった。水田稲作と畑での麦・粟の栽培を制限され、下し米の供給も十分でなかった大島では、従来型の自給食料生産は困難となり、高外の焼畑でのサツマイモに頼らざるをえなくなったことが理解される。

　しかしこのようなサツマイモへの過度の依存は、小林茂の指摘するように奄美大島にさらなるリスクをもたらしたことに注意したい。それはサツマイモの不作の年に発生する飢饉である。小林によれば、近世の大島島民は食料として必要なエネルギーのうち、約七割をサツマイモから摂取していたと推定される。しかし奄美のサツマイモの作柄には豊凶の差が大きく、寒冬（春）と干ばつの年にはしばしば不作が起こっている。サツマイモは長期保存が困難なために豊作時の余剰を貯えておくことはできず、その不作はただちに深刻な食糧不足に結びつく。つまり島民の食料生産基盤を犠牲にして進められた薩摩藩の砂糖増産政策は、この島に飢饉の多発をもたらしたのである。

　飢饉の規模に関する公式な記録が残るのは、「徳之島前録帳」に記された宝暦五年（一七五五）の徳之島の事例だけであるが、三千人以上もの餓死者が出ており、これは当時の徳之島の人口の一四パーセントに当たるという（小林による）。『南島雑話』にも、嘉永期の大島での飢饉と餓死者に関する悲惨な状況が記されている。

救荒食としてのソテツ

　以上のような経緯を見れば、前々章で述べた瀬戸内海島嶼部へのサツマイモ導入の事例とは異なり、奄美ではサツマイモの普及によって人口が安定的に増加した、あるいは飢饉が減少したとは結論できないことに留意すべきであろう。小林の指摘するように、在来型の自給食料生産を封じられた奄美では、むしろサツマイモ栽培の拡大自体が飢饉の規模を大きくした可能性が考えられる。つまり近世の奄美の飢饉には、天災だけでなく人為的な要因が認められるのである。

このように奄美でしばしば発生した飢饉の際に、重要な救荒食《きゅうこうしょく》となったのはソテツであった。前掲の『大嶋私考』にも「甘藷は年中の食の助、蘇鉄《そてつ》は飢饉の備へとなす」との言がみられる。根から空中窒素固定が可能なソテツは、草木が育たない裸地でも生育できるため、海岸近くの岩崖地や、あるいは山畑のサツマイモ畑の縁に境界線代わりに植えられた（榮喜久元『蘇鉄のすべて』）。このソテツの実あるいは幹からデンプンを取り出し、糊《のり》状の粥《かゆ》とする方法については『南島雑話』に詳しい描写がある。

しかしソテツのデンプンは採取に多くの手間がかかる上に、有毒成分が含まれていて十分な水さらしを経なければ命を落とす危険さえあった。また喜界島のように食用の技術が伝わっていない島もみられることから（『南島誌』）、ソテツを救荒食とすることは、近世に入ってからの新しい技術であった可能性も考えられよう。

現在でも大島の海岸近くでは、岩山の斜面などに多くのソテツが群生しているのを見かける。これらの多くは自然の群落ではなく、島民によって植え付けられた個人所有のソテツであったことに注意したい。今日では陽光下の南国イメージでとらえられがちなソテツと海岸の風景であるが、それは過酷な飢饉の中で作り出されてきた人為的な景観であったことを見逃してはならない。

砂糖生産の原生林への影響

薩摩藩によるサトウキビのモノカルチャーは平地の景観を一変させただけでなく、大島の森林環境にも大きな変化をもたらした。大島には深い森があったが、森林資源の豊かなこの島でも砂糖生産の拡大に伴って森林に大きな負荷のかかったことが判明している。

砂糖の生産工程では、製糖用燃料の薪と出荷用容器の樽材という二点で森林資源が不可欠となる。このうちまず樽材の需要について考えてみたい。文化二年の『大嶋私考』には、次のような記述がある。

笠利《かさり》間切山林なく、樽木に隙を費す事多し、他間切とても二十年以上前は一二里にして木得て其日帰りしも、今は二三里行って是を得其日帰る能《あた》はず。民隙を費す事昔に倍せり、砂糖は多く増し、山薄なる故なり

もともと森林の少なかった大島北端の笠利地方に加えて、一九世紀初頭には他の地域でも樽材の入手が困難となっており、砂糖生産の増大に伴って森林資源が減少していたこと

がわかる。大島で砂糖出荷用の樽材に用いられた樹種は、第一に「アサコロ」であり、他に「クロ木」「フク木」などがあった（『大嶋私考』）。アサコロとはフカノキを指しており、フカノキはスダジイとともに奄美大島の原生林を構成する優占種の一つである。

奄美大島全体での砂糖樽の必要量については、弓削政己による推計がある。弓削は天明元年（一七八一）の大島での黒糖産出量が六〇〇万斤であることから、一樽を一二七斤とすれば、年間四万七千個もの樽が必要であったと計算している（「近世奄美船の砂糖樽交易と漂着」）。このように砂糖生産により大量の樽材が必要となり、フカノキをはじめとする原生林の有用樹種が多く伐採されたことが判明する。

同様の事例にあげられるのは、やはり大島の原生林の重要な構成種の一つであるカシである。カシはその堅牢な木質により、サトウキビの圧搾機械である「砂糖車」（図40）の芯材や支持台に用いられていた。大島では文化元年（一八〇四）、砂糖車の普及に伴ってカシの枯渇が顕著となったため、その植林が命じられるとともに砂糖車以外への使用が禁じられている（『大島要文集』）。さらに同年もしくは翌年の指示として、大島で近年砂糖の車木が絶えているために、藩からこれを冬の船で差し下すとしている。『南島雑話』にも文政期の状況として、「大島にも近年樫木、車の用をなす木共少く、木絶ると中程の事

図40　『南島雑話』にみる砂糖車（奄美市立奄美博物館所蔵）

也」とある。いずれも大島ではカシの入手が困難になっていたことを示しており、このように一九世紀初期の段階で、大島の原生林のうち有用樹種の伐採がすでに相当進んでいたことが明らかである。

製糖燃料とリュウキュウマツ林

砂糖生産が森林へ与えた影響について、製糖工程に必要な燃料の視点から考えてみたい。サトウキビの搾汁を煮詰める際に薪として使われたのはマツであった。大島の森林植生として、原生林を伐採した後には陽樹であるリュウキュウマツ林が出現する。集落の付近にはリュウキュウマツ林が広がっていたが、この二次林が製糖燃料の供給に関わっていたのである。

義富弘によれば、黒糖一〇〇斤を製造するのに必要な薪の重量はおおよそ三〇〇キロであり、一家で一〇樽の黒糖を製造したとして、約三トンの薪が必要であったという（「薩摩藩の山林・土地政策と奄美島民の暮らし」）。後述のように嘉永期には奄美大島全体での黒糖の産出量は年間七〇〇万斤に達しており、この数値から単純に計算すれば毎年約二万一千トンもの薪が島内で消費されていたことになる。

当時の大島の森林環境は、前述のように原生林の有用樹種の伐採もかなり進んでおり、二次林のマツ林が広がる状態であったと推定される。このマツ林が大量の薪の需要を満たすために、毎年多く伐採されていたことになる。マツはまた、砂糖樽の蓋材としても不可欠なものであり、そのための伐採も大量に上ったことに注意する必要がある。先述のように、近世には山野が焼き払われてサツマイモ畑が開かれていたが、この「高外山野地」の焼畑は、マツ林の伐採後の斜面を利用していた可能性も考えられよう。

また、砂糖樽の製作には箍《たが》として帯竹も必要であり、大島ではマダケが用いられていたが、このマダケも伐採により不足していたことに注意が必要である。薩摩藩は一八〇〇年前後には竹木横目を置いて伐採を取り締まらせていたが、しかし一九世紀半ばには帯竹は島内産だけでは足りず、大和から運送される状況にあった（弓削政己「近世奄美船の砂糖樽交易と漂着」）。

以上のように、近世後期のサトウキビモノカルチャーの進行は、樽材や燃料としての森林資源の大量消費を引き起こし、大島の森林環境に大きな影響を与えていたことが明らかである。

砂糖生産と「家人」

薩摩藩の直接支配によって変貌したものは、森林植生などの自然環境だけではなかった。それは奄美の村落構造をはじめとする社会環境をも大きく一変させてしまったのである。

先述のように奄美では一八世紀以降、年貢高を黒糖で換算して徴収するシステムが取られていたが、台風などでサトウキビが不作となった年には年貢を払えない者が続出する。そこで富裕な者からの「借糖」に頼ることとなったが、この債務が累積した場合には身売りが行われた。このようにして富家の下人に身を落とした者は、「家人（ヤンチュ）」と呼ばれた。

この奄美の家人については、金久好の研究がある。家人は身代の利子で使役され、長く働いてもその身代を弁済しなければ解放されなかった。身代の額は膨大であり、いったん家人に転落した者がそこから脱することは容易ではなかったとされる。また家人の生んだ子供は「膝素立《ひざすだち》」と呼ばれて生まれながらに主家のものとされ、家人の人口が増える一因となった。砂糖の惣買入制の強化とともに家人の数は増加し、幕末から明治初頭の大島南部の村々では人口の約三割が家人であったとされる（『奄美大島に於ける「家人」の研究』）。

このようにサトウキビの不作によって誰もが家人へ転落するリスクを抱える一方で、ユカリンチュと呼ばれる旧家や豪農層は、干拓による耕地開発や大量の砂糖の献上によって薩摩藩から郷士格を与えられ、在地支配層としての地位を確立させていった。このように奄美の近世の社会構造は、一握りの富裕層とそれに使役される人々へと分断されていったのである。

明治維新を経て、明治四年（一八七一）には鹿児島県による膝素立の解放令、翌五年には政府による人身売買禁止令が出されたが、実際には家人の解放は進まず、奄美では家人は明治中期ごろまでは存続していたという（大山麟五郎「奄美における人身売買・ヤンチュの研究」）。

家人の問題は、薩摩藩による砂糖の収奪強化とともに顕著となったが、この事実は「砂糖のあるところに奴隷あり」という世界史の流れと、奄美の歴史に通底する基盤のあることを示している。

奄美の砂糖と幕末薩摩藩の政治力

ヨーロッパの砂糖需要に応える一七・一八世紀のカリブ島嶼部でのサトウキビ栽培は、アフリカから連れてこられた奴隷の労働の上に成り立つ植民地的なプランテーションであった（川北稔『砂糖の世界史』）。これらの島々では本来の自然環境と植生が大幅に改変されるとともに自給食料生産が否定されており、そのことが飢饉のリスクを大きくした構図は奄美の島々と共通している。また、このような植民地における国際商品の生産を「世界システム」論の立場から見れば、植民地の資源によって低コストで生産された砂糖は、その収益を現地へ還元することはなく、イギリスへ収奪されて本国の経済力をますます強化するものとなっている。以上のように海外の植民地での国際商品生産システムと比較検討することによって、近世以来の薩摩藩による奄美支配の本質と、それが現地の自然および社会へ与えたダメージの実態が見えてくる。

前章までに詳述したように、国際商品として当初は中国からの輸入に頼っていた砂糖は、一八世紀以降奄美において生産が進行し、現地の資源を搾取して行われたプランテーションは、やがて国内需要の大部分を満たすほどに成長した。その後、砂糖は讃岐国など他地域でも生産されるようになり、砂糖の輸入代替は天保一〇年（一八三九）ごろには完了したとされる。

しかしそれ以降も奄美の砂糖生産による利益は、幕末まで保持されたことが判明している。たとえば嘉永五年（一八五二）の奄美三島からの砂糖の出荷高は一〇三三万斤であり、その代銀は一万二四六八貫に及んでいる（「堅山利武公用控」、『島津斉彬文書 下巻一』）。また『大島代官記』によれば、慶応四年・明治二年の奄美大島の砂糖出来高は、それぞれ九四九万斤、一一〇五万斤余となっている。したがってこの時期に至ってもなお奄美は、他の地域からは隔絶した規模の砂糖産地であり続けたのである。

奄美の砂糖は年貢として、あるいは極端な安値にて集められたものであり、市場価格との大きな差額は藩の収益となった。この砂糖の収益から生み出された財力は、薩摩藩の天保期の財政改革を成功させただけでなく、幕末・維新期におけるその強大な政治力の源となったことは重要である（先田光演『奄美諸島の砂糖政策と倒幕資金』）。つまりサトウキビという外来植物は薩摩藩および日本の歴史を変えたことになるが、しかしその生産は奄美の資源の搾取の上に成り立っていたことを見落してはならない。

サトウキビと里海の水産肥料

サトウキビとサンゴ礁の海草・海藻

サトウキビは多肥を要する作物であり、国内需要の多くをまかなう大規模な生産体制をとっていた奄美でも大量の肥料が必要であったはずである。この奄美の広大なサトウキビ畑ではどのような肥料が用いられたのであろうか。結論からいえば、奄美諸島では海藻をはじめとする水産肥料が大量に使われており、奄美の砂糖生産が里海の資源によって支えられていた事実が判明する。このような奄美の里海とサトウキビとの関係は、これまで十分に分析されてきたとはいいがたい。しかしこの問題は外来植物の導入による里海の形成を考える本書にとって核心部分となるため、以下に詳しく検証してみたい。

近世の奄美大島におけるサトウキビ肥料の記録として、管見の限りで見出せたのは、『住用間切物定帳』に合綴されている「島中中渡　一冊」中の「住用間切中吟味」(『南西諸島史料集Ⅲ』)である。住用地区の農業振興のために地元の役人が書いた指示書で、安政元年ころのものとみられる。そこでは当地での砂糖生産のための「手入」として「糞」と「馬糞」を耕地に入れることを指示した上で、さらに「浜辺の儀は海草流寄候儀可有之候間、時々拾取置、是又可相用候」としている。したがってサトウキビの肥料には人糞と馬糞に加えて、浜辺に流れ着いた「海草」が使われていたことが明らかである。

この肥料に用いられた「海草」とは、いかなる種類のものであったのだろうか。奄美大島のサンゴ礁地形とあわせて考えてみたい(図41)。大島には裾礁《きょしょう》タイプのサンゴ礁がみられ、地元で「イノ」「ウィノ」と呼ばれる浅い礁池が存在する。礁池の海底の一部にはサンゴ砂のたまった砂地があり、そこにはリュウキュウアマモ・ウミヒルモなどの海草群落がみられる。また礁嶺《しょうれい》(干瀬)の礁池《しょうち》側の岩礁部分(図41のクィシィドゥマ)には、ホンダワラ類を中心とする海藻が繁茂していた(渡久地健『サンゴ礁の人文地理学』)。この海草やホンダワラが暴風雨等でちぎれ、浜辺に打ち上げられたものが畑の肥料に使われていたことは、奄美の民俗誌に多く記されている。

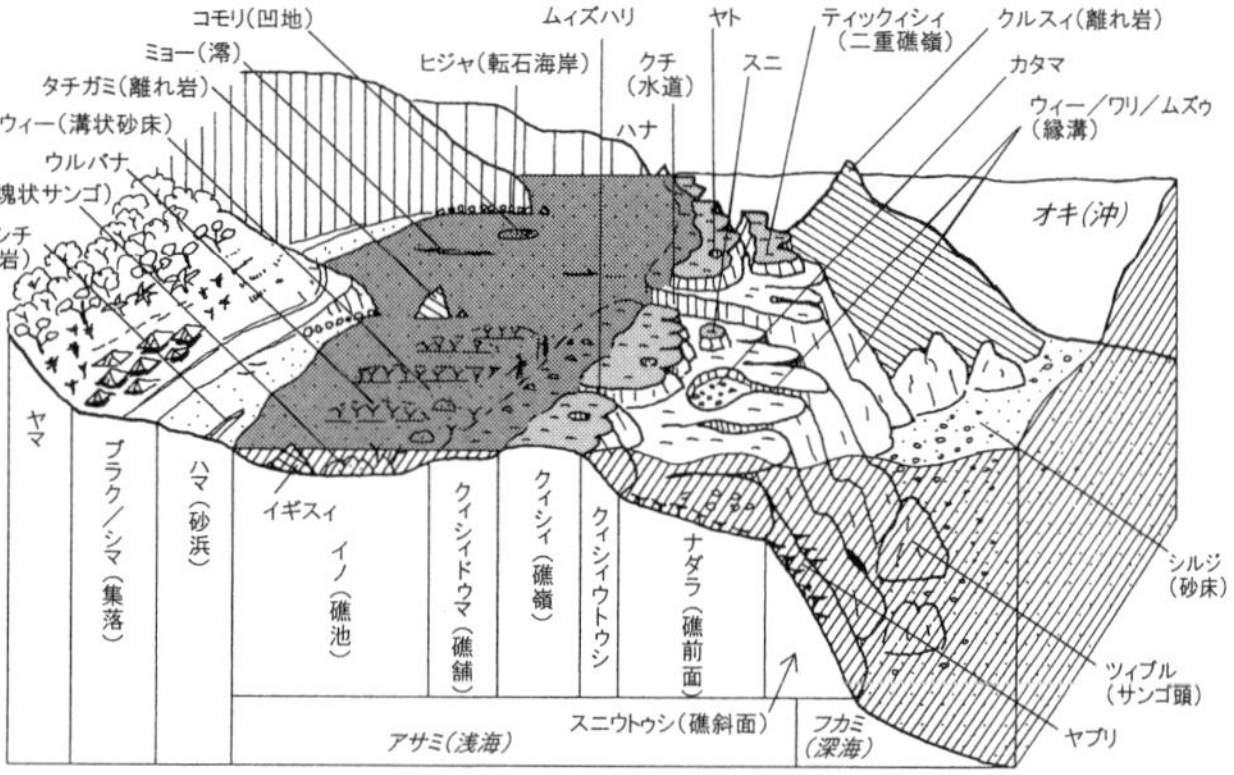

図41　奄美大島大和村のサンゴ礁微地形の模式図（渡久地健『サンゴ礁の人文地理学』古今書院，2017年，口絵23より転載）

恵原義盛によれば、大島で打ち上げられていた海草・海藻の中心はホンダワラであり、腐らせて堆肥にしたり、乾燥後に焼いて灰にし、俵に詰めておいたという（『奄美生活誌』）。この海藻肥料が多く用いられたのがサトウキビ畑であったことは、大島だけでなく与論島などでも同様であった（榮喜久元『蘇鉄のすべて』）。

サトウキビ肥料としてのウニ

大正九年（一九二〇）に鹿児島県が刊行した『奄美大島之糖業』には、サトウキビ畑の肥料について、より詳しい説明がみられる。そこには海藻以外の水産肥料も記載されていることに注目したい。

旧来からのサトウキビ肥料としてまず上げられているのは、「厩肥・堆肥・人糞尿・緑肥用大豆・海草」である。その一反当たりの使用量は、堆肥が一〇〇貫～五〇〇貫、厩肥は二〇〇貫であり、さらに人糞尿は追肥として「百貫位施用するは多量の部と見做す」とされている。これらの肥料を欠く地域においては「蘇鉄葉を五百から八百貫敷き込む」としているが、これは山側の畑での状況とみられる。

「海草」の一反当たり施肥量については残念ながら記載はみられない。ただし注目されるのは、もう一つの水産肥料として「ウニ」が上げられていることである。奄美のサンゴ礁には多くの種類のウニが生息しているが、このうち食用にならないナガウニが主に畑の肥料に使われていた。ナガウニは春の大潮の時期に多くみられるため、干潮時に捕獲してサトウキビ畑の基肥としていた。このようにウニをサトウキビ畑へ入れることは、奄美諸島だけではなく沖縄本島をはじめとする琉球列島で広くみられた行為であった（比嘉武吉『農務帳を読む』）。琉球王国の官僚であった喜舎場《きしやば》朝賢《ちようけん》の『東汀随筆続編』にも、「ウニ等の海肥やしは甘蔗に最適のもので、本島諸間切では争ってこれを用いる」とあり、このようなウニの施肥が近世から続いてきたことを示している。

たとえば奄美大島の笠利町《かさりちよう》喜瀬《きせ》集落では、地先の干潟にはウニがいなかったため、女たちが背負い籠を担ぎ、峠を越えて往復六キロの太平洋岸のサンゴ礁までナガウニを取りに

図42　菜園へ施肥されたナガウニ

行っていた（飯田卓「奄美大島北部、笠利湾における貝類知識」）。このことは、他村でも自由に捕獲してよいほどナガウニの資源量が豊富であったことと、さらにサンゴ礁に面していないサトウキビ畑にも広くウニ肥料が施されたことを示している。奄美ではウニ類は肥効の高いものと認識されており、現在でもウニを家庭菜園に入れる例がみられる（図42）。

水産肥料の採取とサンゴ礁の環境

『奄美大島之糖業』によれば、サトウキビ畑一反当たりのウニの施肥量は二〇〇貫（七五〇キロ）に上るという。これが内陸側のサトウキビ畑にも施されていたことを勘案すれば、大島のサンゴ礁から捕獲されたナガウニの量は毎年何百トンにも上っていたことが理解される。ナガウニは餌となる海藻をめぐって、食用種で商品価値の高いシラヒゲウニと競合する関係にあるため、今日ではシラヒゲウニ増殖のために漁場から駆除される事例もみられる。サンゴ礁の海でナガウニを肥料として大量捕獲していた事実は、このようにシラヒゲウニの資源量を確保する効果も併せ持っていた可能性がある。またこれらのウニ類は海藻・海草類を採餌するため、その捕獲はあわせて海藻・海草群落の維持につながっていた可能性も考えられる。

また聞き取りでは、サトウキビやイモ畑の肥料として食用にならないナマコを捕っていた事例も聞かれた。サンゴ礁のイノには多くの種類のナマコが生息しており、もちろん食用種もさかんに捕獲されていた（恵原義盛『奄美生活誌』）。ナマコが砂中の有機物を採餌し、体内に吸収することは前述した通りである。これらのナマコを捕獲することは、やはり海中からの有機物の除去につながっていたと推定される。

なお、近世の旧慣として、夏から秋には毎日海岸より白砂を取り、甘蔗畑へ運び込むことが行われていたという（『奄美史談』）。サンゴの破片からなる海砂は、石灰分として酸性土壌の中和に役立つことから、これは肥料というよりむしろ土地改良の効果があったと考えられている（『名瀬市史　上巻』）。

以上のように、奄美ではサトウキビ畑の肥料にはホンダワラ、ナガウニ、およびナマコや海砂が用いられており、サンゴ礁の水産資源がサトウキビの栽培を支えていたことが明らかである。国内の砂糖需要の多くを満たしていた生産規模から考えると、これらの水産肥料の採取は莫大な量に上っていたものと推定される。それとともに、ウニやナマコの採取行為には、サンゴ礁の現状を維持する役割があった可能性も注目される。

重要な点は、塩分を含む海藻やウニ肥料は水田には不向きのため、このように水産肥料が多用されるようになったのは、多くの水田がサトウキビ畑へと転換された一八世紀半ば以降のことであったと考えられることである。奄美大島でもサトウキビの導入によって水産肥料の採取が本格化したのであり、里海の生態系の確立にはやはり移入植物の国産化が深く関わっていたことを指摘したい。

サンゴ礁の里海の資源利用

シチトウイの刈り取りと水質浄化

奄美のサンゴ礁の生物資源は、肥料以外にも様々な用途に使われており、そのこともまた里海の生態系の成立に深く関わっている。そこで本節では、近世の奄美大島における海辺の資源利用の実態を当時の史料から復原してみたい。享保一三年（一七二八）の『物定帳』（『南西諸島史料集Ⅲ』）には、大島に課せられた上納品についての記述があり、主なものをまとめると以下のようになる。

①敷　　物……尺莚、莚
②林産関係……棕梠皮《しゅろかわ》、黒津具皮・小縄、藻玉、木海月《きくらげ》、樫子

図43　アダン

③衣料関係……芭蕉、綿（真綿）、唐苧
④動物関係……馬之尾、鶏之引尾
⑤海　産　物……ほらの貝、かになしもの（不明）、白のり、屋古貝のから、やこ貝塩漬弐斗、しよく醤物壱斗

このうち、海辺と関わる産物には、⑤の海産物だけでなく①の敷物も含まれることに注目したい。奄美で生産された莚《むしろ》の原料はカヤツリグサ科の抽水植物であるシチトウイ（リュウキュウイ）であったが、シチトウイは耐塩性が高く、大島では主に海岸の砂丘裏の湿地などに生育している。さらに、その莚の経糸《たていと》とされたのは砂丘後方の海岸林を構成するアダン（図43）の気根《きこん》の繊維であり（『物定帳』『南島雑話』）、いずれも海辺の植生と深く関わっていることに注意したい。

シチトウイは『大和本草』によれば「薩州の七島より多く出る、故に名づく」とあるが、実際には七島すなわちトカラ列島よりも南方の琉球列島が本来の産地であり、シチトウイの莚は南島からの貢上品であったことが注目される。なお、後に浜名湖にも移入されることとなる豊後のシチトウイは、この南島から寛文年間（一六六一〜）に九州へ導入されたものである。それまではシチトウイの莚はもっぱら奄美・琉球からもたらされる貴重品であった。

奄美では『物定帳』に先立つ元和九年（一六二三）の『大嶋置目條々』にすでに莚が上げられており、以後も近世を通して重要な産物となっていた。『物定帳』では節礼莚など定期的な貢納に加えて、狩夫代などの莚による代納もみられ、すべての上納を合わせると膨大な枚数であったことが明らかである。『大島私考』にはシチトウイについて、「田地ノ悪地、畑ノ湿地、又海辺潮気ノ地ニ植」とあり、その生育地の多くは排水不良の後背湿地や、潮汐の影響を受ける河口部付近などであったことが裏付けられる。

水辺の抽水植物が水中の栄養塩を吸収し、その刈り取りがリンや窒素の陸上への回収へつながっていたことは、琵琶湖や浜名湖の事例で確認した通りである。前述のように本来は水田の島であった奄美大島では、水田からの栄養塩を含む排水が河川に流下していたと考えられる。それが海へ流出する手前で、シチトウイを通して吸収されていたとみられることは重要である。大島でのシチトウイの刈取量の統計は明治四四年まで下るが、これによればその収穫量は一一万一一九六貫（四一六トン）であった。奄美大島ではこのシチトウイの刈り取りによって、おそらく毎年約何トンもの窒素やリンが陸上に回収されていたと推定される。

ニライカナイからの寄物と海藻・海草群落

続いて、『物定帳』の⑤の海産物「ほらの貝、かになしもの（不明）、白のり、屋古貝のから、やこ貝塩漬弐斗、しよく醬物壱斗」について考えてみたい。これらは、貝殻、海藻、魚介類に大別されるが、いずれもサンゴ礁で漁獲される海の幸である。このうち「屋古貝」はヤコウガイを指し、イノの礁斜面で捕獲される。その貝殻は螺鈿《らでん》細工や貝杯の原料として、古代より琉球列島からの交易品であったことが知られている。ヤコウガイの身は現在でも地元では食用にされるが、近世にも塩漬けにして鹿児島へ貢納されていたことがわかる。

この貝の塩漬けと並んで上げられている「しよく醬物」に注目したい。『物定帳』ではこれに続いて「しよく之儀ハ寿物ニて候間、若不得取ハヽ、其訳可申出事」との注記がみられる。「しよく」とは奄美ではシュク、沖縄ではスクと呼ばれるアイゴの幼魚であり、毎年決まった日にサンゴ礁のイノに押し寄せる「寄魚」であった。奄美ではシュクは海上他界のネリヤ（ニライカナイ）の神からの贈り物であり、イネの豊作を約束するものと信じられていた（松山光秀『徳之島の民俗二』）。嘉永期の大島流人である名越左源太の日記『遠島録』（『南西諸島史料集Ⅱ』）にも、「シヨクと申候ザコ、今日小宿浜にて過分に取れ申候、此魚余程目出度魚、琉球にて婚姻の時は、是非塩からにても用申由候」とみえる。

このシュクは、イノの海藻・海草群落とも深い関わりがあったことに注意したい。シュクはイノの海藻を好んで採餌するが、奄美大島の民俗行事である「八月踊り」の島唄の歌詞には、「港笹草やシュクぬシデどころ　アンマふところやわシデどころ」とあり、「港の海草はシュクの育つ場所」の意とされる（惠原『奄美生活誌』）。「笹草」とはリュウキュウアマモなどの葉の長細い海草を指し、これらの海草群落がシュクの生育場所となったことを示している。

またこのイノの海草は、アオウミガメとジュゴンの食餌でもあったことに注目したい。琉球列島ではウミガメとジュゴンもシュクと同じく、ニライカナイから送られてくる寄物と信じられてきたからである。『南島雑記』には「海亀に近い味」という表現があることから、大島ではウミガメを食していたことが指摘されている（今村規子『名越左源太の見た幕末奄美の食と菓子』）。またジュゴンについても、沖縄と同様に近世の奄美でも食されていた可能性がある。

笠利地方の島唄である「こうき節」には、「須垂ぬ内海なんじザンぬ魚ぬこまて　うれとぅてかみゅんちゅや　やまとから御用」の歌詞があり、「住用間切の須垂の内海にザンの魚（ジュゴン）が籠もった、それを獲って食う人は大和（薩摩）に御用だ」の意とされる。これは旧藩時代にジュゴンの捕獲が禁じられていたことを示すものと考えられている（文英吉『奄美大島民謡大観』）。近世、琉球王府はジュゴンを八重山《やえやま》から貢納《こうのう》させていたが、ジュゴンの肉は薩摩藩へも送られて珍重されており（泉武「ジュゴンについての文化史的試論」）、島津重豪《しまづしげひで》が江戸の高輪《たかなわ》屋敷での饗宴にジュゴンの吸い物を供した記録もみえる（『甲子夜話』）。したがって薩摩直轄領の奄美においても、ジュゴン捕獲の際には上納が義務づけられていた可能性がある。

以上のように、シュク・ウミガメ・ジュゴンはいずれもニライカナイからの寄物とされ、琉球列島の信仰や文化と深く関わる生物資源であったが、これらはサンゴ礁のイノの海藻・海草群落に引き寄せられてやってくるものだったのである。

サンゴ礁と海藻利用の多様性

『物定帳』に上げられたもう一つの海産物として見逃せないのは、「白のり」に代表される食用の海藻類である。『物定帳』以降の上納品に関する指示では、これに加えて「セサイノリ」や「フノリ」も上げられており、大島からの貢納品目に海藻が一定の割合を占めていたことは重要である。この海藻類もまたサンゴ礁で採取される資源であり、奄美の里海の重要な構成要素だからである。そこで、近世の海藻の利用実態についてさらに分析してみたい。

大島に産する海藻の種類とその利用について詳述するのは『南島雑話』である。この『南島雑話』は名越左源太による嘉永期の作とされてきたが、一部の巻（「南島雑話」「南島雑話附録」）については、文政一二（一八二九）・一三年に滞在した伊藤助左衛門が著したものであることが明らかになっている（河津梨絵「『南島雑話』の構成と成立背景に関する一考察」）。伊藤は「御薬園方掛」として大島の物産調査に当たっており、その執筆部分には駆虫薬の原料となる海人草（マクリ）について、献上分以外にも海人草一斤余が米一升と交換され、島中で女たちによって「過分の斤数」が採取されていたこ

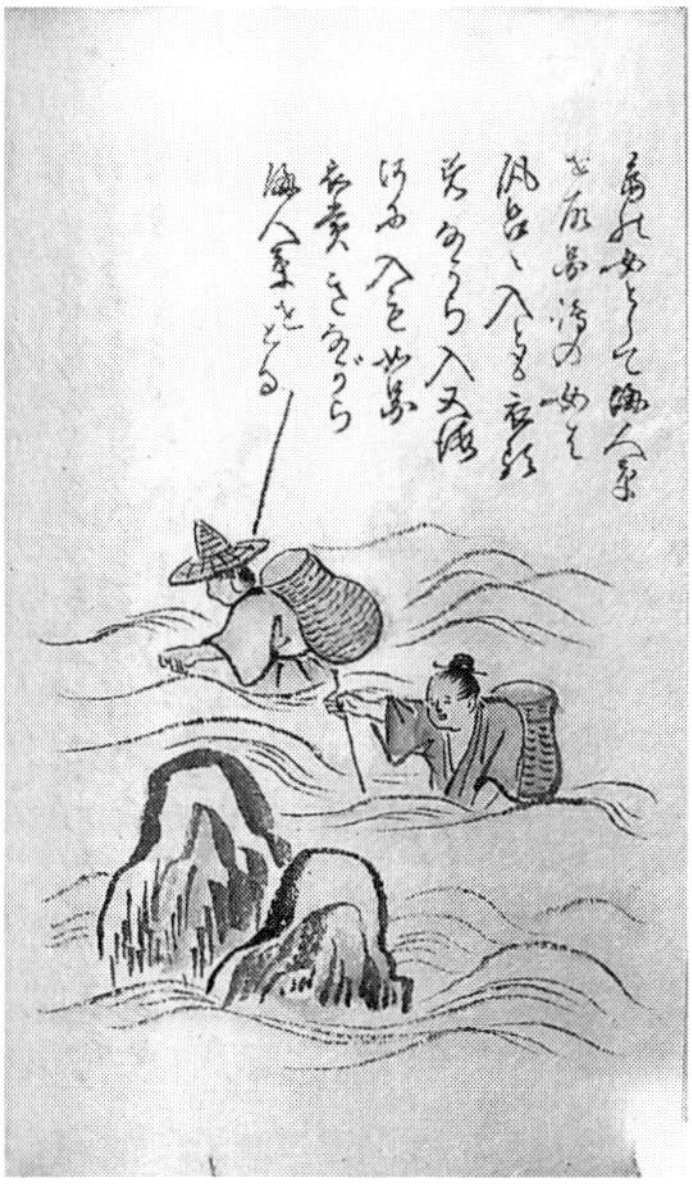

図44　『南島雑話』にみる海人草の採取（奄美市立奄美博物館所蔵）

とがみえる（図44）。

この海人草はじめ『南島雑話』に登場する海藻について、巻ごとの内容を整理したものが表7である。一見して食用海藻の種類の多いことが理解される。このような大島での海藻食の発達は、安永七年（一七七八）に徒目付として赴任した得能佐平次が「朝夕の煙だに立たる事なく、磯の藻屑に飢を凌ぐなる」（『丁酉大島紀行』）と書いているように、薩摩藩によって自給食料生産を制限された中で、海藻が日々の食の補いや救荒食となっていた

形状・季節・料理法など
2.献上にも年々御買入に相成り，余分島の女共の米壱升に干し海人草壱斤余に替
1.長くして小く糸の如く，美味にして到て珍味．2.紫ノリ，長さ五寸計り，糸の如．3.川下の州浜の小石に生ずるなり，煮染，アエモノ，ゆでて酢味噌，汁
2.荒波の瀬に生る海苔，如石花菜，島にて心太に作る
1.其形もみ紫蘇に似たり．2.紫色にして如紫蘇葉．3.汁．生のままに酢醤油にて鰹節などかける
1.笠利の産，色白くして味美．2.笠利間切の海産，味至て宜し
3.霜月より五・六月まで生る，ヒタシモノ，アエモノ，酢味噌
2.モズクより筋太く，味も亦よし
2.味尤も美なり．3.正月より三・四月頃迄の間，州浜の軽石に生ずる，味なし，アエモノ，煮染，ヒタシモノ，酢味噌
汁にして食ふ
三・四，五月頃生じ，アエモノ，汁にして食する
笠利方限多し
三・四月生る，トコロテン海苔に似たり，アエモノ
海中浅瀬にウルと云ふものあり，夫に生る者なり，これを煮て能くねり，水に漬け冷し，取りあげて露気を抜き，味噌漬にし，紫蘇漬にもす

表7　『南島雑話』各巻に記載の海藻とその利用法

1「南島雑話」	2「南島雑話附録」	3「大嶹窺覧」年中行事	和　名※
海人草	鷓鴣菜（カイジンソウ）		マクリ
住用河口に生ずる海苔	住用河苔	川菜	オゴノリ
カセキヤ	加之貴也		ハナフノリ
紫蘇苔	紫蘇苔	煤海苔	タネガシマノリ，またはツクシアマノリ
白海苔	白海苔		クビレオゴノリ
	水松（ミル）	ビル	ミル
	海藴（スノリ）	洲のり	オキナワモズク
	繒菜（シラノリ）	白菜	ユミガタオゴノリ
		青海苔	ヒトエグサ
		藻	ホンダワラ
		イギス海苔	カタメンキリンサイ
		ケツナクワ	イバラノリ
		ウワウル	キリンサイ
		麸ノリ	マフノリ

※　和名の同定については，鹿児島県立大島高等学校南島雑話クラブ『挿絵で見る「南島雑話」』奄美文化財団，1997に従い，不明なものについては田畑満大・瀬尾明弘「『南島雑話』にみる植物の利用」（安渓遊地・当山昌直編『奄美沖縄環境史資料集成』南方新社，2011）を参照した．

図45　佐仁のホンダワラの煮物

こととも関係していよう。

表7によれば、『物定帳』に上げられた「白のり」は「白海苔」に対応するとみられ、美味であることが言及されている。もう一つの上納品であった「セサイノリ」は、「石花菜の如し」とされるハナフノリもしくはイバラノリの可能性が高く、テングサなどと同様に心太の原料になっていたと考えられる。

名越左源太の執筆部分にも海藻の料理について詳細な記述がある。名越は「藻（モ）」が和え物や汁物になると記しているが、「藻」とは大島ではホンダワラ類を指す。先述のようにホンダワラは肥料とされるのが一般的であったが、それ以外に食用となる種類も存在していた。現在でも笠利の佐仁集落では、郷土料理としてホンダワラの一種の煮物が伝わっている（図45）。このホンダワラはサンゴ礁のイノで採取され、葉を取り除いて茎を食する美味なものである。

名越の記述中で特に注目されるのは、キリンサイ・カタメンキリンサイを使った料理が見られることである。これらは奄美では「イギス」と呼ばれ、寒天のように溶かして固め、味噌漬けなどにするもので、現在でもよく見かける食品である。大島ではこのようにキリンサイ類やフノリ類の料理は一般的であったが、このキリンサイとフノリは食用以外にも重要な用途を持っていたことに注意したい。それはフノリの名にもあるように布用の糊料となることであり、奄美では大島紬の製造に欠かせない重要品だったのである。この点について、さらに考えてみたい。

大島紬の糊料とイギス・フノリ

近世から現代に至るまで奄美大島を象徴する特産品として、大島紬《おおしまつむぎ》が上げられる。現在の大島紬は生糸を用いており、真綿から紡ぐ「紬」とはいいがたいが、『南島雑話』によれば安政二年までは生糸は使用されておらず、紬であったことが知られる。

大島に養蚕が伝わった時代ははっきりせず、また大島紬の起源についても諸説がある。古くは奈良時代とする見解や、あるいは琉球の久米島紬《くめじまつむぎ》からの伝来を考える説もある。しかし大島の養蚕や紬が文献に現れるのは近世に入ってからのことである。薩摩侵攻以前の『琉球国郷帳』では奄美諸島にも桑方の年貢石高が記されており、また薩摩藩による元和九年（一六二三）の『大嶋置目條々』には「わた」として真綿の記載があることから、養蚕自体は近世初期にはすでに盛行していたと考えられる。その後享保五年（一七二〇）

の『大島政典録』には島役人以外の紬の着用を禁じる条文があり、この頃までには紬が普及していたと推定されている（坂口徳太郎『奄美大島史』）。

『南島雑話』には、「衣服は紬を上とし、木綿を用ゆ。夏衣は芭蕉布にて何れも島婦是を織る」とあり、大島では紬や木綿布、芭蕉布が織られていたことがわかる。しかし大島からの上納品目には芭蕉・唐苧とともに真綿が上がるばかりで、紬や木綿は記載されていない。このことは同じ琉球列島の久米島紬が、文政期には薩摩へ年間五七九反、琉球王府へは五四四反も上納されていたこととは対照的である（「大和口上」）。したがって近世までの奄美では砂糖生産が最優先され、紬と木綿は島内の自給程度にとどまっていた可能性がある。しかし幕末には大島紬も薩摩への一定の流通がみられたことは、文久二年（一八六二）に大島に赴任した桂久武の日記に、「島紬」一反の製織を米二俵で島の女性に依頼し、二年間で合計一五反を入手したとあることから明らかである（弓削政己「奄美大島紬からみた歴史と現在」）。米二俵という対価はかなりの高値といえ、住民にとって貴重な米の入手手段になっていたと考えられる。

大島紬の最大の特徴は、その精緻な絣《かすり》模様と泥染めによる深い色合いにある。現在のような「絣締め」とシャリンバイによる泥染めの技術は明治時代に開発されたものである

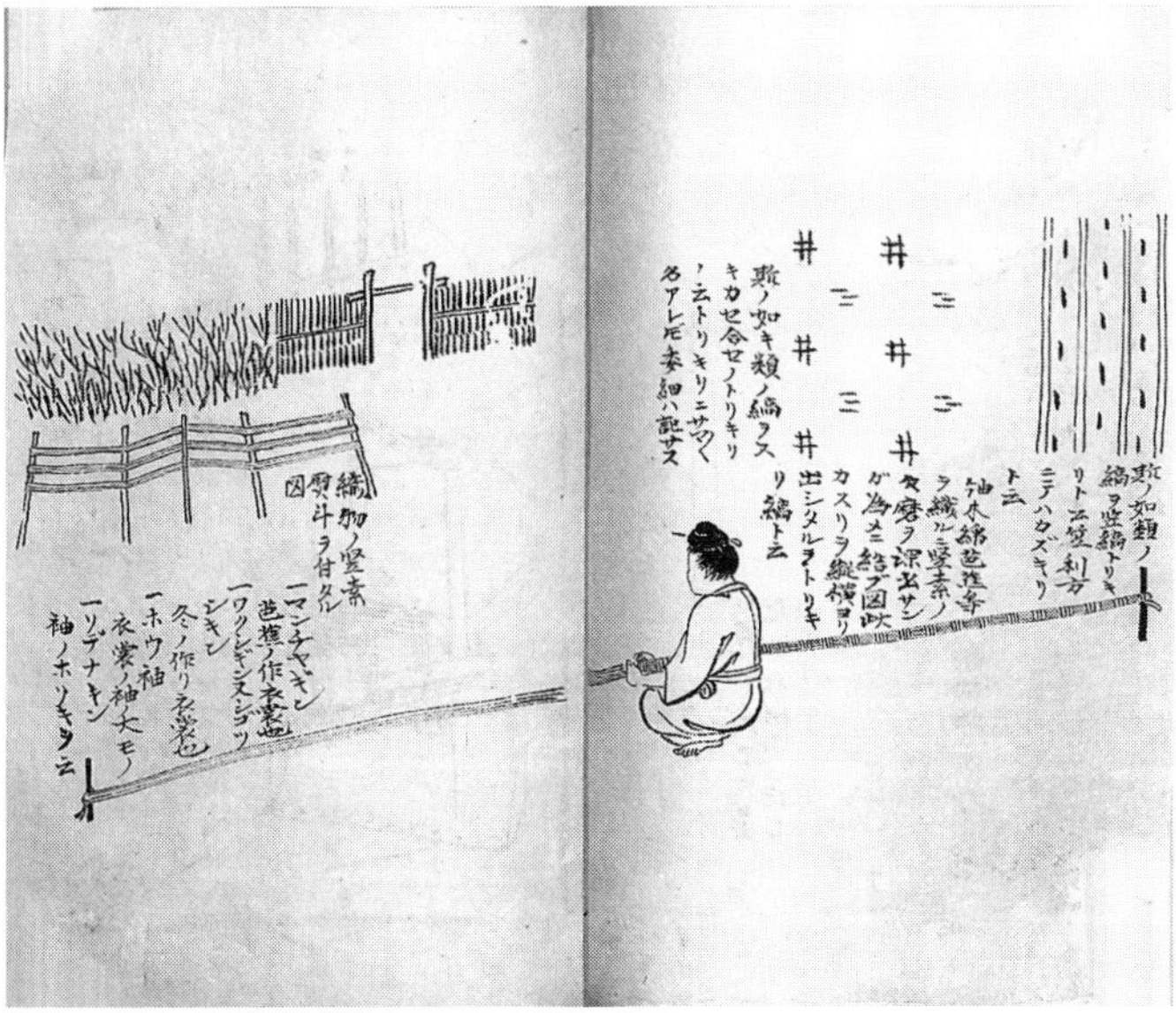

図46　『南島雑話』にみる絣のための手括り（奄美市立奄美博物館所蔵）

が、しかしその根幹となる手括《てぐく》りの絣と泥染め技法自体は、幕末にはすでに存在していたことが『南島雑話』から確かめられる。

絣の原理は、簡単にいえば糸の先染めの際に一部分を芭蕉糸などで固く括って染料が入らないようにしておき、その経糸と緯糸それぞれの部分を組み合わせて模様を作り出す技法である。この絣模様を織るためには最初に設計図を作り、設計通りに糸に印をつけて染め分ける必要がある。この一連の方法はすでに『南島雑話』に記されており（図46）、近世から存在していたことがわかる。

紬の作成過程では、経糸・緯糸《よこいと》それぞれの括りや織りの際の糸の毛羽立ちを防ぎ、摩擦や張力に耐えられるようにするため、糸に糊付けが行われる。この作業工程を糊張りという（図47）。大島紬の特徴として、その糊料にイギス（キリンサイ類）とフノリという海藻が使われることに注目したい。他の紬産地では、たとえば久米島紬ではサツマイモ、結城紬では米粉・小麦粉の澱粉《でんぷん》が糊料に用いられている。これらと比較すれば、海藻を原料とすることは奄美の際立った特徴といえよう。

図47　糊　張　り

奄美のイギスとフノリの糊は、大島紬だけでなく木綿布や芭蕉布の製作工程でも用いられており、これら衣料生産のために必要とされた糊料は、近世でもすでに莫大な量に上っていたと考えられる。前節で述べた食用の海藻に加えて、このような糊料原料としても大量の海藻が海辺で採取されていたことになる。その採取行為は、サンゴ礁から栄養物質を陸上へ回収することにつながっていたであろうことを指摘しておきたい。

大島紬と奄美の自然

大島紬の生産には海の資源だけでなく、山から海に至る集水域の様々な生物資源が用いられていることにも注目したい。大島紬のもう一つの特徴である泥染めは、シャリンバイを伐採し、そのチップを煮出して赤褐色に染めた糸を文字通り泥中へ何度も浸すことで、シャリンバイのタンニン酸と泥中の鉄分が化合し、独特の深い色調が生み出されるものである。この泥染めの基本的な技法がすでに近世から存在していたことは、『南島雑話』の文政期の執筆部分に「ニチャ染」として、「田又は溝河の土の腐りたるに漬け、何篇となく染る時は、鼠色に付く」とあることからわかる。

図48　泥田での泥染め

この文中には泥染めの場所として、水田が上げられていることに注目したい。サトウキビ畑へ転換されずに残った強湿田が、泥田として大島紬の製作にも利用されていたのである（図48）。また大島では水田の肥料としてソテツが用いられており、それが田の鉄分の補給になったと認識されていたことにも留意したい。ソテツは蘇鉄という字のごとく鉄を好み、鉄分を多く含有すると考えられており、その葉を田に鋤き込んで肥料とすることが一般的であった。泥染めに適した鉄分を含んだ田の泥は、このような長年の営みによって作り出されたものだったのである。したがって大島紬とは、水田の島、さらにソテツの島としての大島を象徴する産物でもあったことが理解される。

現在の泥染めはシャリンバイによって下染めされるが、この染料がシャリンバイに統一されたのは明治初頭のことであり、それまではシイの木など様々な素材を用いていたという（金原達夫『大島紬織物業の研究』）。シイは前述のように奄美大島の原生林を構成する主要種であった。またシャリンバイは二次林としての雑木林によくみられる樹種である。したがって大島紬は、奥山・里山と水田との結びつきによって生み出されたものということもできよう。

近世の大島では、紬だけでなく木綿も含めて、泥染め以外にも多様な草木染がみられた。『南島雑話』の文政期の記述には、山藍・クチナシ・ガキナ染などと並んで、「ヒロキ染」がみられることに注目したい。ヒロキとは「住用間切の海中に生え、満潮時には根が二尺

図49　住用川河口部のマングローブ林

三尺も水中に浸かる、雄の木は皮で衣を染めるが雌木は役に立たない」とあり、すなわちマングローブを構成するオヒルギを指している。大島では住用川の河口部に大規模なマングローブ林が広がっており（図49）、このヒロキ染もまた森と川の豊かな大島の自然を象徴するものだったのである。

大島紬の製造には、糸と染料以外にもう一つ不可欠な海の資源があった。それは染色を定着させるための石灰である。人々は海辺でサンゴを取り、焼成して石灰を作り、その粉末を染色用の大鍋に入れていたという。サンゴから石灰を作ることについては『南島雑

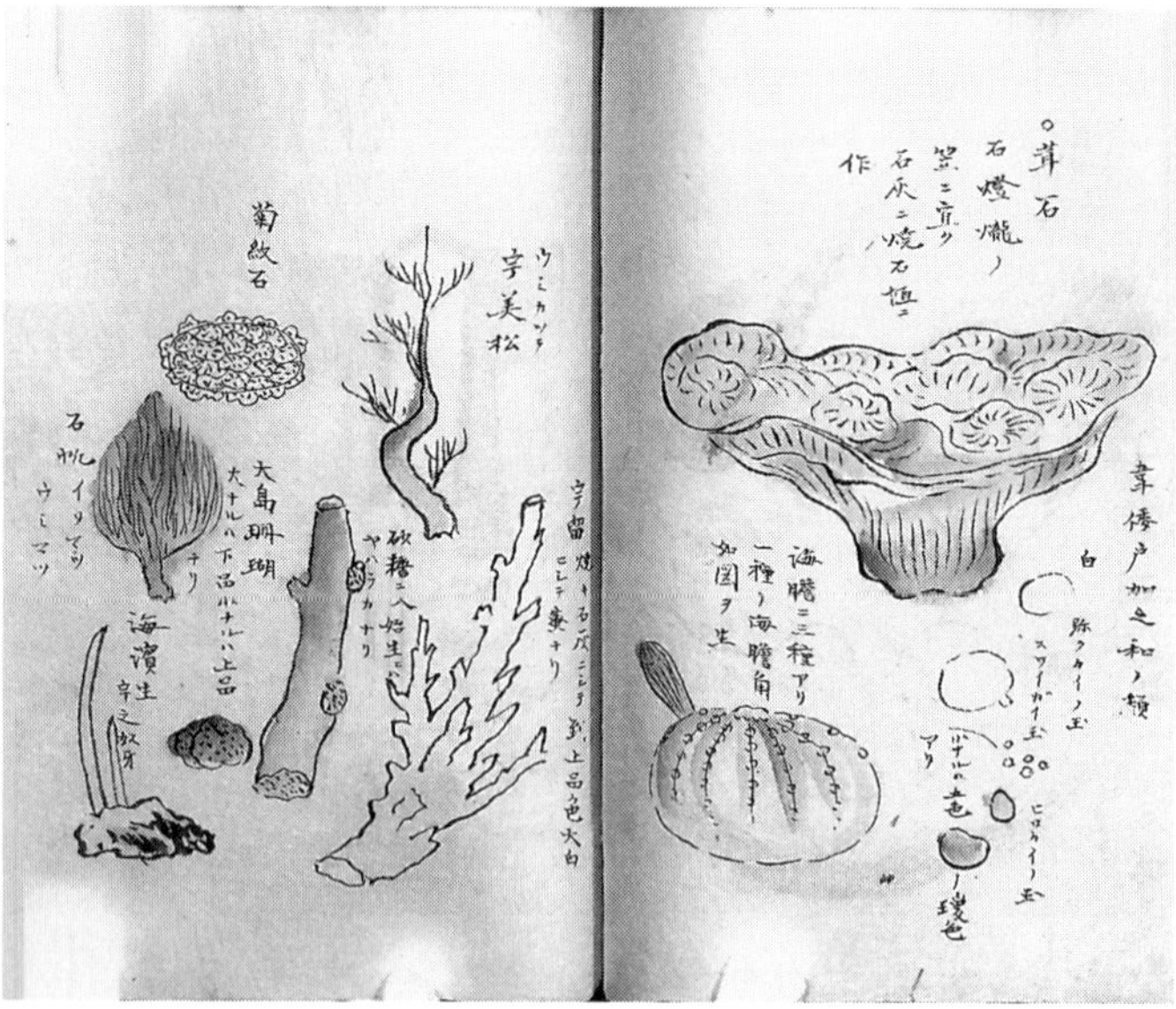

図50　『南島雑話』にみるサンゴ（奄美市立奄美博物館所蔵）

話』に記述があり、「葺石　石燈籠の笠に宜く、石灰に焼く」「宇留　焼き、石灰にして到て上品、色火白にして密なり、砂糖に入る」としている（図50）。前者はナバイシと読んでテーブルサンゴを指し、後者のウルとは枝サンゴのことであり、それが黒糖製造の際の凝固剤としても用いられたことは重視される。このように海藻と並んで、サンゴ自体もまた砂糖生産および大島紬の生産を支えていたのである。

大島紬が薩摩本国での需要を超えて、大坂市場への出荷を本格化させていくのは明治一〇年代以降のことである。この頃、国内の砂糖生産は海外からの廉価な砂糖の輸入に押され、陰りが見えつつあった。これ以降、砂糖に代わって大島紬の製造が奄美の基幹産業となっていくが、それを支えていたのは砂糖主業の時代から引き続いてサンゴ礁の里海の資源だったのである。

里湖・里海から見える未来——エピローグ

本書では、琵琶湖《びわこ》から始まって八郎潟《はちろうがた》・浜名湖《はまなこ》などの潟湖《せきこ》、さらに三河湾・瀬戸内海および奄美大島《あまみおおしま》のサンゴ礁まで、さまざまなタイプの潟湖《かたこ》里湖と里海を取り上げて、その生態系の全体構造と成立過程について検証した。

里湖・里海の成立と外来植物

前近代においても人間は水辺に対して、資源の享受という受け身にとどまらずに積極的な働きかけを行ってきたが、それは水辺にとって必ずしも負荷になるとは限らなかったことに注意したい。近世の里湖・里海でみられた水生植物の採取は、ヨシ群落や沈水《ちんすい》植物帯を破壊するのではなく、むしろその埋積や遷移《せんい》を防ぎ、現生の植生を維持する機能を持っていた。さらに、肥料藻としての利用は水中の栄養塩を陸上に回収することにもつながり、水質の浄化にも一定の役割を果たしていたことが明らかになった。

たとえば琵琶湖が京都に近接して集水域に多くの人口を抱えながらも、そのますくって飲めるほどの水質を保っていたのは、決して人間による影響が小さかったためではない。むしろ近世後期には人間活動は増大しており、巨大都市の衣食住にまたがる旺盛な消費需要が琵琶湖での肥料藻採取や漁撈《ぎょろう》活動に拍車をかけ、結果として水中からの栄養物質の回収量を増やした側面のあったことは重要である。このように里湖・里海の生態系とは地域内部で完結するものではなく、近世都市の巨大な消費市場と結びついて形成されたものだったのである。

琵琶湖岸において水草の施肥対象となっていた作物は、米と麦のほか、商品作物としての菜種と養蚕用の桑であった。また各地の潟湖や内海の沿岸で海草・海藻類が施肥されていたのは、自給用の麦とサツマイモに加えて、商品作物の木綿とサトウキビであった。このうち菜種・木綿・サトウキビ・サツマイモは、近世に移入された外来植物であったことが重要となる。里湖と里海では、これら近世の移入作物の栽培拡大によって肥料藻の採取量が増大し、循環的な資源利用システムが確立されたことが明らかになった。

上記の作物のうち、本書では養蚕《ようさん》用の桑と木綿、さらにサトウキビに注目した。これらから生産される生糸・木綿布・砂糖の三製品は、いずれも中世末期には中国からの輸入に頼っており、近世に至ってようやく輸入代替に成功した国際商品であった。その国産化の過程において、里湖・里海の肥料藻をはじめとする水産肥料が大きな役割を果たしていたことが重要である。たとえば一九世紀初めまで砂糖の国内生産の大部分を担ってきた奄美では、海藻やウニ肥料がサトウキビの栽培を支えていたことが明らかになった。これら塩分を含んだ水産肥料は水田には向かないため、奄美で水産肥料が多用されるようになったのは多くの水田がサトウキビ畑へと強制的に転換された一八世紀半ば以降のことと考えられる。このように里湖・里海の生態系の確立は、国際商品の国産化をめぐる近世の政策的動向と深く関わっており、在地での偶発的な成立によるものとはいえないことに注意したい。

また、商品作物の生産が優先された地域では、米に代わる自給食料としてサツマイモが導入されたことも重要である。海沿いの未開発地へのサツマイモの作付拡大が、さらなる肥料藻の刈り取りを促した事例が各地で認められる。瀬戸内海の里海の多くも、この類型にあてはまるものであった。

以上のように里湖・里海の実像は、伝統的生業により形成された「在来型の自然」のイメージとは異なっていたことに注意したい。里湖・里海とは古代から不変の生態系ではなく、外来植物の導入を契機として近世後期に確立された、きわめて人為的な「自然」だったのである。

「人の手の加わった自然」の保全に向けて

また、一見、自然と共生的にみえる里湖・里海の生態系が、その成立の前提に近世中期までの森林破壊による山地荒廃、はげ山化という環境問題を抱えていたことも重要であろう。これらの山地から流出した土砂は河口部にデルタを作り出し、そこに新畑が開発されて綿作が展開した。さらにその前方に広がった砂底質の浅水域にはアマモ場や二枚貝の生息地が形成され、これらが木綿畑の肥料に使われるようになった。このように近世後期の里湖・里海の生態系は、人間による幾多の自然への負荷の後でかろうじて成り立った均衡状態だったともいえる。

しかしその後、たとえば一九世紀の瀬戸内海の一部島嶼では、サトウキビの導入に伴う製糖用の燃料需要によって再び森林伐採が進み、さらなるはげ山化が引き起こされることとなった。このように里湖・里海の生態系は、決して安定的・固定的なものではなかったことに注意が必要である。肥料藻の施肥対象となった作物も、明治中期以降は安価な輸入品に押されて木綿やサトウキビが衰退し、代わって代表的な輸出品となった生糸生産のための桑へと転換している。このように里湖・里海の生態系は、社会と経済の変化に応じて刻々と姿を変えるものでもあったことに注意したい。

この里湖・里海の生態系が時代ごとに変化しているという事実は、今後の水辺保全について考える上でも大きな示唆を与える。それは、そもそも保全・再生すべき「自然」の姿は自明ではないという視点である。たとえば、今日の霞ヶ浦ではアサザの花をシンボルとした保全活動が知られているが、浮遊植物であるアサザが目立つようになったのは、かつて肥料藻として重視されていた沈水植物群落が衰退した後のことであったという（平塚純一ほか『里湖モク採り物語』）。どの時点の「自然」を再生目標とするのか、取り戻すべき水辺の姿を明確にするためには、過去の里湖・里海のトータルな環境変化に関する長期的検証が不可欠であろう。自然再生というきわめて現代的な課題に対しても、歴史的な研究視角が求められるのである。

また湖岸における水生植物の刈り取りや、砂地の浅海での巻貝やナマコのケタ網漁が底質の泥化を防いでいたように、人為的活動が水辺の遷移を一時的に停止させ、現状の環境を維持する役割を果たしていた点も重要である。このようなタイプの「自然」の保全には人の手を排して放置することではなく、むしろ人間との適度な関わり・手入れが求められるからである。かつての里湖・里海で刈り取られていた水草・海藻の種類や量について調べることは、地域に応じた今後の植生管理や生態修復の方法を知ることにつながる。

以上のように、各地で成り立っていた里湖・里海の歴史的実態を掘り起こし、その生態系における人間活動の位置づけについて検証することは、水辺の現在と未来の「賢明な利用」を考えることに直結している。水辺の過去の検証は、未来への判断材料となるはずである。

あとがき

「在来型の自然と思われてきた日本の里湖・里海の多くは、外来植物の導入に伴って近世後期に確立されたものだった」――本書のこの結論にたどり着くまで、琵琶湖のほとりで研究をはじめてから二〇年以上が経過した。

私の専門は歴史地理学であり、水辺の村々の環境史について長く調査してきた。このような地域研究は、時に個別的な事例研究にすぎないとの批判も受ける。しかし四半世紀近く続けていると、個々の村落で見聞きしたことが一つに繋がることを感じるようになった。

零細的に見えた各地の肥料藻取りが、近世の外来種たる商品作物の導入と連動しており、都市消費ばかりか国際商品の輸入代替にまで繋がってこようとは、研究を始めた時点では想像していなかった。このように本書では、「鎖国」体制下での国産化政策にも踏み込むこととなったが、すべての始まりはかつて琵琶湖の最北の村で聞いた、「田んぼには山の草を入れるし、水草は湖岸の桑畑にばっかり入れてたな」という一言であったと思う。

一方で、石干見漁の調査で二〇〇五年に初めて奄美大島を訪れてから、沖縄とも異なるその風土に強く惹かれ、毎年通うようになった。奄美の黒糖は他産地と比べてえぐみがなく、とてもおいしい。聞けば現在でも手作りで、アクを丁寧に掬い取っているのだという。黒糖を生かした「ふくらかん」や「舟焼き」などの家庭のお菓子も、おいしくて優しい味がする。当初は黒糖といえばこのようにただ味わうばかりで、自分がサトウキビを調べる立場になろうとは思ってもいなかった。しかしそれから一五年かかって、奄美の砂糖生産が里海に支えられていた事実にようやくたどり着いたことになる。

本書ができるまで、各地で多くの皆様にお世話になった。なかでも、八郎潟の潟船保存会の天野荘平氏には数多くの史料についてご教示いただき、本文中に取り上げた新聞記事もご提供いただいた。また奄美大島では、自然資源の利用や大島紬について、山口利博氏、竹田洋二氏、川原オナ子氏から多くのご教示をいただき、泉原由美氏、肥後修朗氏からは調査の遂行に多大なご配慮を賜った。心から御礼申し上げたい。

本書の執筆をお勧め下さった吉川弘文館の石津輝真氏には、ずいぶん長い間お待たせしてしまった。何度も研究室まで「借金取り」に来ていただき、「督促《はげまし》」を下さったおかげでなんとか出版にこぎ着けることができ、本書のタイトル案も考えていただいた。若山嘉秀氏には、編集全般に細やかなお心配りをいただいた。

本書初校中の五月一〇日、沖縄島北部・西表島とともに奄美大島・徳之島が世界自然遺産に登録される見込みというニュースが流れた。奄美の価値が世界に認められたことは大変喜ばしい。ただし筆者は、奄美の真価はアマミノクロウサギなどの「手つかずの自然」だけにあるのではないと考える。海岸近くの蘇鉄山・芭蕉山の景観にみるように、奄美には「人間と関わってきた自然」もまた多く存在している。これら奄美の山から海すべての自然を生かした営みが、黒砂糖や大島紬の文化に結実している。長い苦闘の中で生み出されてきたこの自然利用の文化もまた、奄美ならではの貴重な遺産であると思う。

奄美の苦闘の歴史は明治以降も長く続いてきた。今後、世界遺産というブランド化によって新たに生み出されるであろう経済的利益が、かつてのように本土の資本に搾取されることなく、奄美の自然保全と地域振興のために活かされることを心から願っている。

二〇二一年五月

佐野静代

主要参考文献

【史料】

喜多村俊夫編『江州堅田漁業史料』アチックミューゼアム、一九四二
伊賀敏郎『滋賀縣漁業史 上（資料）』滋賀県漁業協同組合連合会、一九五四
大津市役所編『大津市史 下』大津市役所、一九四一
『近江栗太郡志 巻三』滋賀県栗太郡役所、一九二六
疋田千代江『近江国犬上郡三津屋文書を読む』、二〇〇〇
半田市太郎『八郎潟近世漁業史料』みしま書房、一九六七
舞阪郷土史研究会編『近世浜名湖漁業資料集』舞阪郷土史研究会、二〇〇七
『浜松市史 史料篇第二』浜松市、一九五九
『浜松市史 史料編第四』浜松市、一九六一
浜松市編『浜松市史 新編史料編二』浜松市、二〇〇〇
湖西市史編さん委員会編『湖西市史 資料編二』静岡県湖西市、一九八一
新居町史編さん委員会編『新居町史 第八巻 近世資料四』新居町、一九八六
舞阪町史研究会編『舞阪町史 史料編三』静岡県浜名郡舞阪町、一九七二
大須賀初夫編『三河国宝飯地方出入諍論資料』愛知県宝飯地方史編纂委員会、一九五八

見城幸雄『江戸時代海面入会争論再審記録』
近藤恒次編『三河国宝飯郡村差出明細帳』国書刊行会、一九五七
近藤恒次編『三河文献集成　近世編・下』愛知県宝飯地方史編纂委員会、一九六五
愛知県史編さん委員会編『愛知県史　資料編一七近世三尾東・知多』愛知県、二〇一〇
田原町文化財調査会編『田原町史　中巻』田原町教育委員会、一九七五
倉敷市史研究会編『新修倉敷市史　第九巻史料　古代・中世・近世（上）』倉敷市、一九九五
玉野市文化財保護委員会編『玉野市史　史料編』玉野市教育委員会、一九七九
三原市役所編『三原市史　第七巻』三原市役所、一九七九
瀬戸田町教育委員会編『瀬戸田町史　資料編』瀬戸田町教育委員会、一九九七
昼田　栄『広島県農業発達史　資料編』広島県信用農業協同組合連合会、一九八一
広島県編『広島県史　古代中世資料編Ⅲ』広島県、一九七八
広島県編『広島県史　近世資料編Ⅳ』広島県、一九七五
広島県佐伯郡能美町編『能美町誌』広島県佐伯郡能美町、一九九五
景浦勉編『中島町誌史料集』中島町役場、一九七五
鳥取県編『鳥取藩史　第六巻』鳥取県立鳥取図書館、一九七一
大和村誌編纂委員会編『大和村の近世』大和村、二〇〇六
松下志朗編『奄美史料集成』南方新社、二〇〇六
松下志朗編『南西諸島史料集Ⅱ』南方新社、二〇〇八

松下志朗編『南西諸島史料集Ⅲ』南方新社、二〇〇九
名越左源太著、国分直一・恵良宏校注『南島雑話1』平凡社、一九八四
名越左源太著、国分直一・恵良宏校注『南島雑話2』平凡社、一九八四
山下文武『嘉永六年の奄美 解説「嶋中御取扱御一冊」』ひるぎ社、一九九三
島津斉彬文書刊行会編『島津斉彬文書 下巻一』吉川弘文館、一九六九
改訂名瀬市誌編纂委員会編『改訂名瀬市誌 一巻』名瀬市、一九九六
吉町義雄「大和口上」『方言』三巻二一号、一九三四
『鹿児島県史料集二六 桂久武日記』鹿児島県立図書館、一九八六

【書籍・論文】

印南敏秀『里海の生活誌―文化資源としての藻と松』みずのわ出版、二〇一〇
岩崎公弥『近世東海綿作地域の研究』大明堂、一九九九
浮田典良「江戸時代綿作の分布と立地に関する歴史地理学的考察」『人文地理』七巻四号、一九五五
惠原義盛『奄美生活誌』木耳社、一九七三
大村和男「第五章 採藻（モク採り）」（静岡県教育委員会文化課編『浜名湖の漁撈習俗Ⅰ』静岡県文化財保存協会、一九八四）
大村和男「浜名湖のモクの歴史と文化」（印南敏秀編『里海の自然と生活』みずのわ出版、二〇一一）
岡 光夫『日本農業技術史―近世から近代へ』ミネルヴァ書房、一九八八

岡田正三「東海地方・東三河におけるサトウキビ生産に関する研究」学位論文（鹿児島大学大学院連合農学研究科、二〇一七年）
小林　茂『農耕・景観・災害—琉球列島の環境史』第一書房、二〇〇三
先田光演『奄美諸島の砂糖政策と倒幕資金』南方新社、二〇一二
佐竹　昭『近世瀬戸内の環境史』吉川弘文館、二〇一二
佐野静代『中近世の村落と水辺の環境史—景観・生業・資源管理』吉川弘文館、二〇〇八
佐野静代『中近世の生業と里湖の環境史』吉川弘文館、二〇一七
Sano, Shizuyo. "Traditional Use of Resources and Management of Littoral Environment at Lake Biwa." In *Environment and Society in the Japanese Islands: from Prehistory to the Present*, edited by Bruce L. Batten and Philip C. Brown, 75-95. Corvallis: Oregon State University Press, 2015.
高橋美貴『近世・近代の水産資源と生業—保全と繁殖の時代』吉川弘文館、二〇一三
千葉徳爾『増補改訂　はげ山の研究』そしえて、一九九一
半田市太郎編『八郎潟—干拓と社会変動』創文社、一九六八
平塚純一・山室真澄・石飛裕『里湖モク採り物語—50年前の水面下の世界』生物研究社、二〇〇六
永原慶二『苧麻・絹・木綿の社会史』吉川弘文館、二〇〇四
中村幹雄「汽水湖の生物と漁業」アーバンクボタ三二号、一九九三
中山富広『近世の経済発展と地方社会』清文堂出版、二〇〇五
浜下武志・川勝平太編『新版　アジア交易圏と日本工業化　一五〇〇—一九〇〇』藤原書店、二〇〇一

宮本常一『宮本常一著作集四　日本の離島第一集』未来社、一九六九
柳　哲雄『里海論』恒星社厚生閣、二〇〇六
柳　哲雄『里海創生論』恒星社厚生閣、二〇一〇
山崎隆三「江戸後期における農村経済の発展と農民層分解」（『岩波講座日本歴史12　近世4』岩波書店）一九六三
弓削政己「奄美大島紬からみた歴史と現在」堂前亮平監修『織の海道　奄美・鹿児島・久留米編』「織の海道」実行委員会、二〇〇五
弓削政己「近世奄美諸島の砂糖専売制の仕組みと島民の諸相」『和菓子』一八号、二〇一一
義富　弘「薩摩藩の山林・土地政策と奄美島民の暮らし」（『奄美学』刊行委員会編『奄美学　その地平と彼方』南方新社）二〇〇五

著者紹介

一九六八年、京都市に生まれる
一九九一年、大阪大学文学部日本学科卒業
一九九五年、奈良女子大学大学院人間文化研究科比較文化学専攻博士課程中途退学
現在、同志社大学文学部教授、博士（文学・京都大学）

〔主要著書・論文〕
『中近世の村落と水辺の環境史―景観・生業・資源管理―』（吉川弘文館、二〇〇八年）
『中近世の生業と里湖の環境史』（吉川弘文館、二〇一七年）
「近世における「水田漁猟」の展開と河川流域の環境変化」『史林』一〇一巻三号、二〇一八年

歴史文化ライブラリー
529

外来植物が変えた江戸時代
里湖・里海の資源と都市消費

二〇二一年（令和三）八月一日　第一刷発行

著　者　佐《さ》野《の》静《しず》代《よ》
発行者　吉川道郎
発行所　株式会社 吉川弘文館
東京都文京区本郷七丁目二番八号
郵便番号一一三―〇〇三三
電話〇三―三八一三―九一五一〈代表〉
振替口座〇〇一〇〇―五―二四四
http://www.yoshikawa-k.co.jp/
印刷＝株式会社 平文社
製本＝ナショナル製本協同組合
装幀＝清水良洋・宮崎萌美

ISBN978-4-642-05929-9

歴史文化ライブラリー

1996. 10

刊行のことば

現今の日本および国際社会は、さまざまな面で大変動の時代を迎えておりますが、近づきつつある二十一世紀は人類史の到達点として、物質的な繁栄のみならず文化や自然・社会環境を謳歌できる平和な社会でなければなりません。しかしながら高度成長・技術革新にともなう急激な変貌は「自己本位な刹那主義」の風潮を生みだし、先人が築いてきた歴史や文化に学ぶ余裕もなく、いまだ明るい人類の将来が展望できていないようにも見えます。

このような状況を踏まえ、よりよい二十一世紀社会を築くために、人類誕生から現在に至る「人類の遺産・教訓」としてのあらゆる分野の歴史と文化を「歴史文化ライブラリー」として刊行することといたしました。

小社は、安政四年（一八五七）の創業以来、一貫して歴史学を中心とした専門出版社として書籍を刊行しつづけてまいりました。その経験を生かし、学問成果にもとづいた本叢書を刊行し社会的要請に応えて行きたいと考えております。

現代は、マスメディアが発達した高度情報化社会といわれますが、私どもはあくまでも活字を主体とした出版こそ、ものの本質を考える基礎と信じ、本叢書をとおして社会に訴えてまいりたいと思います。これから生まれでる一冊一冊が、それぞれの読者を知的冒険の旅へと誘い、希望に満ちた人類の未来を構築する糧となれば幸いです。

吉川弘文館

歴史文化ライブラリー

歴史文化ライブラリー

歴史文化ライブラリー

モダン・ライフと戦争 スクリーンのなかの女性たち ―― 宜野座菜央見
軍用機の誕生 日本軍の航空戦略と技術開発 ―― 水沢 光
首都防空網と〈空都〉多摩 ―― 鈴木芳行
帝都防衛 戦争・災害・テロ ―― 土田宏成
陸軍登戸研究所と謀略戦 科学者たちの戦争 ―― 渡辺賢二
帝国日本の技術者たち ―― 沢井 実
〈いのち〉をめぐる近代史 堕胎から人工妊娠中絶へ ―― 岩田重則
強制された健康 日本ファシズム下の生命と身体 ―― 藤野 豊
戦争とハンセン病 ―― 藤野 豊
「自由の国」の報道統制 大戦下の日系ジャーナリズム ―― 水野剛也
海外戦没者の戦後史 遺骨帰還と慰霊 ―― 浜井和史
学徒出陣 戦争と青春 ―― 蜷川壽惠
特攻隊の〈故郷〉 霞ヶ浦・筑波山・北浦・鹿島灘 ―― 伊藤純郎
沖縄戦 強制された「集団自決」 ―― 林 博史
陸軍中野学校と沖縄戦 知られざる少年兵「護郷隊」 ―― 川満 彰
沖縄戦の子どもたち ―― 川満 彰
沖縄からの本土爆撃 米軍出撃基地の誕生 ―― 林 博史
原爆ドーム 物産陳列館から広島平和記念碑へ ―― 頴原澄子
米軍基地の歴史 世界ネットワークの形成と展開 ―― 林 博史
沖縄米軍基地全史 ―― 野添文彬
沖縄 占領下を生き抜く 軍用地・通貨・毒ガス ―― 川平成雄
考証 東京裁判 戦争と戦後を読み解く ―― 宇田川幸大
昭和天皇退位論のゆくえ ―― 冨永 望
ふたつの憲法と日本人 戦前・戦後の憲法観 ―― 川口暁弘
戦後文学のみた〈高度成長〉 ―― 伊藤正直
首都改造 東京の再開発と都市政治 ―― 源川真希
鯨を生きる 鯨人の個人史・鯨食の同時代史 ―― 赤嶺 淳

民俗学・人類学

日本人の誕生 人類はるかなる旅 ―― 埴原和郎
倭人への道 人骨の謎を追って ―― 中橋孝博
役行者と修験道の歴史 ―― 宮家 準
幽霊 近世都市が生み出した化物 ―― 高岡弘幸
雑穀を旅する ―― 増田昭子
川は誰のものか 人と環境の民俗学 ―― 菅 豊
名づけの民俗学 地名・人名はどう命名されてきたか ―― 田中宣一
記憶すること・記録すること 聞き書き論ノート ―― 香月洋一郎
柳田国男 その生涯と思想 ―― 川田 稔